编译文库·社科

赵娜 著

多元文化视角下人际信任的建立

Establishing Interpersonal Trust from a Multicultural Perspective

图书在版编目（CIP）数据

多元文化视角下人际信任的建立／赵娜著. —北京：中央编译出版社，2024.7
ISBN 978-7-5117-4780-8

Ⅰ.①多… Ⅱ.①赵… Ⅲ.①人际关系–研究 Ⅳ.①C912.11

中国国家版本馆 CIP 数据核字（2024）第 111720 号

多元文化视角下人际信任的建立

责任编辑	宫青雲
责任印制	李　颖
封面设计	蒋　铮
出版发行	中央编译出版社
网　　址	www.cctpcm.com
地　　址	北京市海淀区北四环西路 69 号（100080）
电　　话	（010）55627391（总编室）　　（010）55627359（编辑室） （010）55627320（发行部）　　（010）55627377（新技术部）
经　　销	全国新华书店
印　　刷	佳兴达印刷（天津）有限公司
开　　本	710 毫米×1000 毫米　1/16
字　　数	171 千字
印　　张	12
版　　次	2024 年 7 月第 1 版
印　　次	2024 年 7 月第 1 次印刷
定　　价	88.00 元

新浪微博：@中央编译出版社　　　微　信：中央编译出版社(ID: cctphome)
淘宝店铺：中央编译出版社直销店(http://shop108367160.taobao.com)　（010）55627331

本社常年法律顾问：北京市吴栾赵阎律师事务所律师　闫军　梁勤
凡有印装质量问题，本社负责调换，电话：（010）55627320

序

中央财经大学赵娜教授的学术专著《多元文化视角下人际信任的建立》即将出版，可喜可贺！因为我早在20世纪80年代就做过人际信任研究，并发表了中国人殊化信任与泛化信任的论文，我对信任研究领域的进展始终保持着兴趣。她邀我为这本信任专著写个序言，我欣然应允。

赵娜获得博士学位后，曾于2012—2015年期间到我的课题组从事博士后研究工作。在我们商讨合作领域和方向时，我建议她围绕中国文化下的信任问题做些研究，她表示很感兴趣，并很快就拿出了基于大量文献搜索制定的研究计划。2015年，她出站后应聘到中央财经大学任教。之后在获得的国家社会科学基金等若干项目的支持下，她持续追踪并深入探讨信任研究议题。除发表众多实证研究论文外，她还将自己的研究成果和国内外相关进展汇集成书，出版了她学术生涯中的第一本专著。我只知道她很忙，一边在学校教学、做研究、搞行政，一边还要养育两个孩子，不曾知晓她计划并投入写书。所以，当她提出请我写序的要求，我还是无比惊讶和万分感慨的。人的能量深不可知，但要遇到恰当的机遇，才会出现因缘和合之果。《多元文化视角下人际信任的建立》一书便是她的才能、她的努力在中财大舞台上展示出的学术成果。我既为赵娜博士在科研事业上取得的重要成果感到高兴，也为中财大辛自强教授和赵然教授当年慧眼识珠引进人才，如今开花结果感到欣慰。

信任研究兴起于20世纪60—70年代，后来逐渐成为社会心理学、社会学等重要研究领域。研究者普遍认识到，信任的建立和维持依赖于特定的社会结构，具有特定的文化特性。我当年信任研究的结果显示，虽然中国人在对待亲人和陌生人的信任行为上与西方人大致相同，但在与熟人之间的信任行为上，中西方人群则存在着明显差异，中国人更倾向于信任熟人，但也因此更会受到熟人的伤害。当然，信任也具有反向作用，它为社会的发展变化提供了心理润滑剂，降低了潜在冲突可能带来的风险和成本。随着全球化的发展、经济与文化的转型、传统人际关系网的变化，人们社会交往中的不可控性、不确定性和复杂性也随之增加，因之，人与人之间的信任关系模式也变得更加复杂。

赵娜博士的这部专著总结了以往中西方学者对信任研究的成果，并从传统文化、文化变迁、文化流动、文化交际、文化接触等多个视角切入，去梳理和解释信任与社会心理学各种研究主题之间的关系，例如，书中各个章节分别涉及人情、传统性/现代性、居住流动性、刻板印象，以及群际互动行为等众多社会心理学研究的热点问题。她尝试通过研究不同历史阶段的文化变迁和现代经济社会技术发展的双重背景影响，考察人际信任建立的特点、变化模式及心理机制。如前所述，该书纳入了大量赵娜自己的实证研究成果，显示出她扎实的研究基础。她的研究结合了多种实证方法，如信任量表、信任情景测量、囚徒困境实验、信任投资游戏实验等；她的研究对象包括了个体和群体，如小样本实验和大样本调查；她在每项研究中都施加了多层次、多角度的严格检测，以确保研究的信度和效度。同时，该书还展示出许多独有的实验材料，表现出她在学术探索上的创新能力。从文化视角研究信任问题面临的困境之一在于，研究者大多使用西方学者创制的材料，因为实在缺少适合中国人的本土化研究材料。赵娜博士通过初测、预实验等科学程序编制了许多带有中国文化元素的实验材料，如年画、茶具、品牌及亚洲面孔等。实证研究已经验证了这些新材料的有效性，能够为相关研究提供可靠的实验素材。

更为难能可贵的是，该书还表明了赵娜博士将学术研究与社会问题相结合、去寻找心理学解决方法的执着追求。中国的社会心理学家要使用科学手段发现和研究中国的问题，提出解决问题的中国方法和方案，创造出具有人文关怀温度的中国社会心理学理论，服务于中国百姓和中国发展。

我向社会心理学研究者和关注信任问题的各界人士隆重推荐这本专著，是因为我从该书的阅读中，学到了很多东西，也受到了很多启发。后生可畏！

谨记于2024年元旦之后。

张建新

2024年1月3日

目录

第一章 信任的研究现状 ········· 001
  一、信任的含义与类型 ········· 002
  二、信任研究的心理学视角 ········· 006
  三、信任的文化差异 ········· 010
  四、信任的实证研究现状 ········· 016

第二章 文献综述与问题提出 ········· 019
  一、传统文化下的人际信任 ········· 019
  二、文化变迁对信任的影响与冲击 ········· 030
  三、多元文化视角研究信任的必要性 ········· 041

第三章 研究一 人情、关系与信任的建立：传统文化的视角 ········· 044
  一、研究目的 ········· 045
  二、研究被试 ········· 046
  三、测量工具 ········· 046

四、研究结果 ·· 047

五、研究小结与讨论 ·· 051

第四章 研究二 传统性/现代性价值取向与信任的建立：文化变迁的视角 ······· 055

一、子研究一 传统性/现代性与两种信任类型的关系 ········· 057

二、子研究二 传统性/现代性对信任建立的影响（实验法）······· 059

三、子研究三 传统性/现代性对信任建立的影响（情景实验）······· 061

第五章 研究三 居住流动性与信任的建立：文化流动的视角 ··········· 072

一、子研究一 居住流动性与信任建立的问卷调查 ············ 079

二、子研究二 居住流动性对信任建立的影响（实验研究）······ 082

三、子研究三 居住流动性与信任建立关系的边界 ············ 086

四、子研究四 居住流动性与信任建立的大数据调查 ·········· 091

第六章 研究四 刻板印象与信任的建立：文化交际视角 ············· 103

一、子研究一 刻板印象对信任建立的影响：特质视角 ········· 105

二、子研究二 刻板印象对信任建立的影响：状态视角 ········· 110

第七章 研究五 文化接触视角下的群际信任研究 ·················· 115

一、文化混搭反应的类别 ···································· 116

二、文化混搭对个体心理与行为的影响 ························ 119

三、多元文化视角下文化认同对群际信任影响的积极作用及机制 ··· 122

四、文化威胁对群体信任影响的消极路径及机制 ················ 128

五、当前研究中存在的问题 ·································· 131

六、研究内容 ·· 134

第八章　研究六　信任研究范式的文化探讨 ················ 144

　　一、子研究一　信任测量的金钱指标工具验证 ············ 145

　　二、子研究二　信任测量工具的文化差异 ················ 147

第九章　综合讨论 ·· 155

　　一、从文化视角探索信任建立的必要性 ·················· 155

　　二、文化变迁对信任建立的影响 ·························· 156

　　三、居住流动性与人际信任建立 ·························· 157

　　四、信任研究中存在的问题 ······························· 159

　　五、研究的创新之处与局限性 ···························· 162

　　六、结论 ··· 166

参考文献 ··· 169

第一章 信任的研究现状

信任是建立和维持良好人际关系的重要因素之一，也是维护社会和谐的润滑剂（Simpson，2007）。自20世纪60年代起，信任研究已经受到众多学科，如社会学、心理学、组织学、经济学及教育学等各个领域的广泛关注，其相关理论及研究方法也日趋完善。随着经济的发展、文化的融合和文化流动性的变迁，社会各个体、群体之间的矛盾也日益剧烈（Zhao et al.，2017）。信任危机则是其中的表现之一。当今社会许多与此相关的现象即能说明这一问题，如逐年增加的离婚率、老人摔倒街头无人敢扶、谣言的传播甚至是群体性事件的爆发，无一不与信任缺失有关。中国社会科学院发布的《中国社会心态研究报告2012—2013》中显示，中国信任的总体指标在进一步下降，已低于60分的"及格"线。总之，人际信任问题已经成为我国社会发展中不可忽视的议题。

信任危机的产生与当今经济社会的转型、多元文化的融合及并存等因素密切相关。随着全球化的发展和社会的进步，人员、组织、资本甚至思想的流动已跨越了地理、文化与政治的边界，文化并存现象也逐渐开始存在。多元文化（multi-culture）来源于拉丁语multus，意为"多，许多"，是指多种文化、多样文化的意思，如东方文化与西方文化，传统文化与现代文化，集体主义文化和个体主义文化等。虽然多元文化现象历来都存在，但是随着全球化的发展，多元文化作为一个独立的概念提出，它不仅指多种文化并存，也更深层次揭示了多种文化之间互相影响和交叉的关系（施媛媛，2020）。随着各种文化的汇聚，人们的价值观、社会认同、亲戚朋友圈等都发生了巨大的变化。经济的发展加速了社会变迁的步伐，但是它同时也改变了人们的文化意识，使传统的关系网发生了变化，以往的亲、朋、故、旧之间的关系变得不再朴素（Zhang & Bond, 1993）。农民工进城务工现象逐渐增加，中国的二元城市的壁垒逐步被打破。传统的关系网的异质性、松散性也越来越高，人们对泛泛的人际关系不敢轻易产生认同。各种文化价值观的并存及认同复杂性的变化，使人们在交往中的不可控性、不确定性和复杂性随之增加，也使得信任建立的风险更加凸显。

那么，在多元文化并存的社会背景下，信任的建立有什么特点，又受到哪些因素的影响？信任建立的形势是否有改变？人们建立信任时的边界及机制如何？通过梳理以往研究可以发现，目前大多数以信任为主题的研究主要采用西方文化研究下的范式，并且停留在对信任的文化差异点进行反复比较的层面。然而，信任的建立和维持依赖于特定社会结构和文化情境，对信任的研究不能脱离其特定文化情景（李小山等，2016）。大量的跨文化研究也表明，信任在建立方式、信任特点等方面都与西方存在显著的差异。本研究从多元文化视角出发，不仅对东西方文化差异下的信任进行梳理，同时也考虑到中国传统文化向现代文化变迁、文化流动及文化接触与文化并存等视角，从文化发展的时间线上，分别探讨文化对立、文化变迁和文化并存等不同文化状态下信任建立的心理机制及路径，对于推动和谐社会的发展，有效规避社会风险具有现实意义和长远价值。从理论上来看，可以更好地帮助我们理解当代信任建立、形成和发展的模式，有利于更好地理解本土文化下的信任模型和现状，丰富相应的文化理论和人际信任理论研究。从实践上来看，可以提供正确处理信任危机的新视角，有针对性地提供信任危机下的干预策略，同时为国家化解信任危机提供理论和技术支持。

一、信任的含义与类型

从文化的角度对人际信任、群际信任的相关研究已相对比较丰富，国内也已有研究者对信任的跨文化差异研究进行了梳理（赵娜等，2014）。信任的含义比较复杂，不同的研究者对其界定也存在差异。随着研究的深入，有关信任文化差异的理论相对丰富，并且研究者从东西方文化差异的视角，对信任的含义、类型、影响因素及修复方式等方面进行了深入探讨。

（一）信任的含义

"人际信任"概念最早于20世纪50年代由 Mellinger 提出，目的在于研究信任在人类活动中的作用（Mellinge，1956）。随后"人际信任"概念被引入社会学理论。自20世纪60年代起，信任的研究逐步受到众多学科，如社会学、心理学、组织学、经济学及教育学等各领域的关注，其相关理论及研究方法也日趋完善。由于信任的含义比较复杂，不同研究领域的研究者对信任的看法和定义也不同，目前为止信任还缺乏一个统一的学术定义。

在西方已有的研究中，有研究者把信任看作一种特质，认为信任是个体对他人的可靠性、合作性和互助性所持的一种稳定的态度（Rotter，1967）；也有学者认为信任是一种心理状态，即个体对信任方所持有的一种需要、依赖的心理状态或导向（Kelley et al.，2003）；除此之外，还有研究者把信任定义为一种行为，即在双方关系中，如果一方意识到他人的善意行为，个体愿意牺牲自己的利益来满足他人利益时所产生的一种行为倾向（Wieselquist et al.，1999）。从以上定义可以看出，信任不是某单一维度的概念。如果把信任定义为是一种特质，那么特点在于它是不受情境限制的，非常稳定，不易变化。如果把信任看作一种状态，那么个体的信任水平即会随着不同的信任方、信任事件及当前所依赖的情境而发生变化，并做出不同的决策，不同的社会情境下信任水平会存在比较大的差异。最后，如果把信任定义为一种行为倾向，那么对方行为的可预测性、可依赖性及这种信念则是信任建立的必要因素。但是在实际研究中，研究者对人际信任的定义和操纵通常会把这些概念相结合。如研究者把善意、诚意、利益、信念、承诺、能力、理性等，与预期、风险、博弈等相结合给出信任定义（翟学伟，2014）。

虽然信任作为一种普遍的现象存在于人类社会，但是上述信任定义背后映射更多的是个体主义的文化价值观，是西方文化情景下对信任的描述，并不具有东方文化下信任的特点。国内有关人际信任的研究大约始于20世纪90年代。虽然信任的研究起步较晚，但是仍然具有一些理论和实验研究对其进行解释和描述。张建新和Michael Bond于1993年在中国文化背景下对人际信任的概念进行了重新定义，认为信任是指向某一具体人物对象的、一种预付已有物质或心理资源的行为意向（张建新 & Bond，1993）。如果人们对他人实施了信任行为，那么他们有可能从信任对象处获得回报，也有可能因为交换过程中断而受到损失。根据此定义，信任是一种行为意向，而值得信任是对某一交往对象一贯交换行为的评价。是否信任某人与某人是否值得信任有关，当交往对象不再具有所需要的资源时，个体就需要重新寻找新的交换对象。该定义背后对交往对象的指向性锚定了中国文化关于信任假设的重心。中国人是相互依赖的，信任行为同情境主义相联系（许烺光，2002）。情境主义下的个体在交往策略上通常更加灵活，因为当自我面对他人时，既可以把他人只看作他人，也可以把他人看作自我的一部分（Markus & Kitayama，1991）。此外，情境主义的最大特点在于其不确定性，因为自我可以扩大，在不同关系中的个体可以变成不分彼此的自己人（杨宜音，1999）。因此对于中国人而言，虽然善意、诚意、利益、信念、能力等个体特征在信任的建立中非常重要，但是其重要性要小于西方文化对这些特征的评估（翟学伟，2003）。

由以上梳理可以看出，信任的含义比较复杂，模糊而且抽象。不同的研究中根据测量的需要，对信任的定义也存在着较大的差异。

（二）信任的类型

1. 一般信任和特殊信任

根据个体对信任他人的指向性不同，通常把信任分为一般信任和特殊信任。一般信任是指在某种特定的文化—社会—经济—政治环境下，个体依据过去的经验来判断其他人可信程度的倾向，一般信任水平高的个体通常更容易感知到他人的善意；特殊信任是个体在某一特殊的情景下，针对某个特殊的对象所表现出的信任水平（Yamagishi et al.，2005）。一般信任源于个体前期的经验，是长期社会化的结果，一旦形成便在很长一段时间内相对比较稳定，不易发生变化。一般信任更像一种人格特质。而特殊信任则受情景的限制，随着不同的信任对象、不同人际关系及人际关系的不同阶段而发生改变。因此一般信任与特殊信任最大的区别在于信任程度在一段时间内的稳定程度不同。

2. 认同信任和算计信任

从动态的人际关系角度常把信任分为算计信任和认同信任。这种划分方法主要来源于三阶段信任模型（Qiu et al.，2011）。该模型把信任分成三种形式，即算计信任（calculus-based trust）、知识信任（knowledge-based trust）和认同信任（identification-based trust）。在后续的相关研究中，有学者认为知识信任是人际关系的一个维度而不是信任本身的具体阶段，因此后来的研究者主要关注算计信任和认同信任，而不考虑知识信任（Lewick et al.，2005）。算计信任是指在考虑到公平的原则下，通过对自己的付出和期望的回报进行权衡后做出的一种理性决策。尤其是在面临高风险情景时，人们更是会依据当前已有的信息来计算自己的得与失，最终做出是否信任的行为。认同信任是指在对信任对象的需求、意向、选择、爱好等充分了解的基础上形成的信任形式。

3. 认知信任和情感信任

从人际关系认知的层次方面，McAllister将人际信任分为认知信任和情感信任（McAllister et al.，1995）。认知信任建立在对信任方的能力、可靠性、善意等进行认知判断的基础上，主要依据来源于对信任对象能力的了解及声誉的评估。情感信任则是建立在个体对个体与信任方情感关系的评估基础之上。它的来源依据通常是感受到对方对自己的关心和关注水平。认知信任和情感信任一般有较高水平的正相关，并且认知信任一般建立在情感信任之前。

当人们建立起情感信任，即信任双方之间已有情感纽带相联系，也意味着信任水平达到了比较高的阶段。有时候情感信任也被认为比较肤浅的信任形式。

二、信任研究的心理学视角

（一）社会交换的视角

早期的信任研究主要从社会交换的视角来进行的，该研究视角的核心观点认为信任是一种资源的交换，信任的对象其实也是资源交换的对象（Holmes & Rempel，1986）。该理论也是学者们早期研究信任的理论基础。人际关系的互动和推进，是根据个体在反复的资源交换中，对相关利益得失进行评估的基础上完成的。在资源匮乏的生存环境下，人们只有互相信任、互相合作，才能同时获得最大的利益。从该视角出发的相关研究对信任行为的测量也具有相应的特点，大部分研究采用行为游戏来测量信任，并且以游戏中的合作行为作为测量信任的指标。这种研究范式也常用来探讨信任的建立和维持问题。当前常用的行为游戏法主要有三种：囚徒困境，信任博弈及蜈蚣博弈。我们以经典的信任研究范式囚徒困境（Prisoner's Dilemma）为例来说明信任测量的过程（Deutcsh，1960）。在该研究范式中，如果双方同时采取合作的态度（友善、积极）来回应对方，那么双方的利益会得到最大化。反之，如果双方都选择竞争的行为，那么信任双方的利益都会变小，甚至还会有很大的损失。如果一方选择合作，另外一方选择竞争，那么选择竞争的一方则会有更多的损失。资源交换的方式有很多，其中自我表露（self-disclosure）就是资源交换的重要方式之一（MacDonald et al.，1972）。只有对自己认为值得信任的人，个体才愿意向他表露自己。反过来，人们向交往对象表露的信息越多，他们获得对方的信任也越多。

社会交换理论的视角开启了信任研究的新范式，也是早期信任研究的基础。随着研究方法的发展和研究问题的深入，单纯从交换视角来探讨信任的问题已经不是目前主流的研究范式。首先，从该视角来理解信任的建立、维持、背叛和修复问题，在很大程度上忽略了个体差异和情景差异。其次，该视角用合作行为来代替信任行为，实际上是混淆了信任与合作的概念，然而信任与合作在概念上还存在很大区别，在此不多做讨论。再次，上面常用的范式基本采用单轮的游戏，人们之间仅有一次互动。但是，日常生活中信任是反复交换互动的过程，从这个角度来说，资源交换的视角在解释人际信任的建立和维持过程上还存在困难。

（二）人格特质的视角

鉴于社会交换视角在人际信任建立研究中的局限性，人格特质的视角逐渐受到学者的关注。这种研究视角的核心观点在于秉承信任是一种稳定的人格特质，信任是对社会和他人所持有的一种弥散性的态度。具有不同信任特质的个体，他们的信任水平在长时间内是稳定的。在此观点的基础上，问卷测量法是常用来测量信任水平的方法。20世纪60年代Rotter首次开发了一般信任感量表，用来测量个体的一般信任感（Rotter, 1967）。从此以后，大量的研究开始从个体差异上来探讨信任问题。这类研究的结果相对比较一致，一般认为在信任量表上得分高的个体更容易感知到他们的善意和能力，更容易相信对方，对陌生人的信任水平更高（Rotter, 1971）。在信任量表上得分高的个体，人们认为他们更值得信任，通常更不容易撒谎，因而更受人喜欢。而在量表上得分低的个体，通常感知不到他人的善意，更不容易与他们建立起信任关系。早期相关研究认为，在信任量表上得分低的个体通常适应能力较差，有更多的反社会行为（Rotter, 1980）。信任水平低的个体通常有更强的竞争意识、报复心，嫉妒心强，对他人的共情关心较少（Grumman, 1992）。信任水平不同的个体在归因方式上也存在着差异。例如，有研究发现，信任水平高的个体通常会采用更积极的归因方式，而信任水平低的个体则更多采取消极的归因方式（Rempel, 2001）。另外有趣的一点是，虽然信任水平高的人更善良、更亲社会，但是也更容易上当受骗。

把信任作为一种特质，在某种程度上对信任的交换视角研究做了补充。人格特质视角充分考虑了"人"的特点在信任建立中的角色，关注到个体间差异。但是，这种研究视角也存在着局限性，它没考虑特定的情景及不同的人际关系在人际交往中的角色。人际信任的建立及维持是由过去的经验和对未来的预测共同决定的，仅关注个体的自身特点存在明显的不足。不过，在当前的一些主流研究中，采用信任量表对信任进行测量仍然是常用的研究方法。

（三）社会情景视角

我们可以看到，无论是从社会交换的视角还是从人格特质的视角来探讨信任，它们的共同点在于都没有考虑情景的因素。社会情景视角的核心观点在于，情景线索在信任的建立及相应的各个阶段都是必不可少的因素。从社会学的观点来看，信任不是某个个体的独立行为，而是具有集体特征，如夫妻、小群体和大群体特征（赵娜等，2014）。如果个体脱离了社会关系，信任建立的风险将不存在，那么也就无从谈信任。在实际生活中，我们决定自己是否要对他人做出信任的决策时，会对一些相关线索进行判断和评估。如信任方的情绪状态、对方的外貌特征、个体的认知方式等。对方的交往时间、交往范围及交往深度等因素同样是需要考虑的必要因素（Gelfand et al., 2006）。当前研究认为人与人之间的相似程度、熟悉程度都可以变成增加或者阻碍信任水平建立的因素。有研究采用情境实验法发现，通过提高员工的技术适应水平能进一步提高团队合作水平（Thomas & Bostrom, 2010）。也有类似研究发现，仲裁系统的存在可以提高个体的信任水平，而当这种制度不存在时，人们的合作水平及信任行为都有显著的下降（Mulder et al., 2006）。因此无论是个体信任还是群际信任的建立，个体差异和社会交换的视角都不能脱离社会线索的作用。从这个角度来说，良好的社会环境是信任产生的重要土壤，因为它可以提供给人们更多的交流机会，具体增加信任建立的可能性，减少社会的资源浪费。

社会情景视角关注到了信任建立过程中的情景因素，是在社会交换视角与人格特质视角基础上取得的进步。它对于解释一些信任研究中相互冲突的结果有非常重要的作用。如在一般信任水平上差异不显著的两个个体，他们在信任建立倾向上却存在显著差异。分析其原因发现，他们面临的信任对象不同，一个具有美丽的面孔，一个则是不具有吸引力的面孔。这里即结合了社会交换、人格特质和社会情景视角。社会情景视角在信任的跨文化差异、文化变迁对信任的影响等方面的研究起着重要的指导作用。

（四）双元的视角

随着信任研究的推进与深入，20世纪80年代开始，研究者开始同时关注人际信任中信任方与被信任方的特点。既然信任是在同伴关系中建立的，那么信任双方对彼此特点的了解和知觉非常重要。当其观点产生冲突或者自身利益受到影响时，双方对彼此的判断决定了他们是否要牺牲眼前的利益建立长期的信任。信任水平不同的个体在对信任对象的知觉上存在差异。一般来说，信任水平高的个体对他人的期望更加乐观，并且对他人的行为有更积极的评价，更倾向于从整体上进行归因（Rempel et al., 2001）。从另一个方面来说，他们在人际互动中经常容易忽略和减少对同伴的消极行为知觉。即使信任双方产生了矛盾，他们在冲突问题处理的过程中也有较少的消极情感。对于信任水平中等的个体来说，他们对社会交往中的风险通常会高估，因为担心受到伤害而不信任对方，甚至会采用相应的保护措施。另外，在人际关系发展的不同阶段，个体对信任对象的知觉水平也是存在差异的。西方文化研究结果认为，人际交往初期信任水平最高，属于蜜月期。但是蜜月期之后，人际信任水平却会逐渐下降（Fletcher et al., 2000）。性别也是影响人际知觉水平的一个重要变量，如女性的信任水平通常要高于男性的信任水平（Zhao & Zhang, 2016）。

与其他研究视角不同，双元视角开始关注到人际特点在互动过程中的作用。该视角肯定了信任中的资源交换也强调了个体差异。特别是双方对彼此的感知差异对人际信任的建立和维持所起的作用。虽然该视角在理论上提出了新颖的观点，但是具体到实际研究中，更多仍然是仅关注个体差异。对于互动中知觉过程的具体影响关注还比较少，同时缺乏用动态的观点来探索信任过程。

（五）整合的视角

由于上述各研究视角都具有各自的局限性，Simpon 于 2007 年提出了二元互动模型，以期通过此模型把信任研究的有关视角整合起来（Zhao et al., 2017）。该模型的主要观点认为只有在全面了解个体差异的基础上，同时对信任方的每个人格特征上也要有全面的了解，才能更清晰地解释信任关系的建立、维持与发展。在个体变量上，如初始信任水平、动机转换、情绪、知觉、自尊、期望、安全感等变量及其之间的交互作用。而这些常规变量也会因其他变量的影响而发生改变。如双方个体的依恋方式、归因方式、冒险倾向等。对于高自尊水平的个体来说，他们在社会交往中可能会有更强的动机及更高的能力。他们在对各种变量评估的基础上，最终做出决定是否为了对方的利益而牺牲自己的利益。虽然在这种情境下他们面临着较高水平的风险，但是由于自身的安全感比较高，他们则会以更积极的世界观去进入信任情境。在信任建立的过程中，他们对信任对象的归因及期望也是更积极的，从而影响个体对他人信任的知觉。信任的知觉反过来又会进一步影响个体的安全感，然后再开始一个新的轮回，进入新的信任判断情景。

整合的视角虽然想把个体差异、情景因素、资源交换、人际互动等整合起来，既考虑到信任双方的特点，也考虑到双方所处的情境及双方彼此的知觉等，但是这种整合的观点其实是相对的。这个模型也仅能说明一轮信任的建立，还不能解释人际信任之间的循环交互过程，也无法说明在不同的交往阶段信任的变化。

三、信任的文化差异

依据社会情景的视角，文化情景是影响人际信任建立的重要影响因素

（赵娜等，2014）。文化可以影响个体的态度、认知及行为，而信任的建立和维持依赖于特定的社会结构和文化情景，因此若脱离特定的文化情景去研究信任将会大大降低其研究意义（Janus，2019）。如果人们生活在一个不确定性、有威胁的环境中，人们认为周围的事物不可控制，信任就不可能会产生（Finuras，2019）。信任不仅具有普遍性特征，也具有鲜明的文化特征。由于自然环境和社会构成存在差异，信任也具有不同的内涵和外延。那么文化是如何影响信任水平的呢？梳理以往的研究可以发现，不同文化情景下的信任在一般信任水平、信任建立的方式、信任的类型及信任的修复等方面都存在着文化差异。

（一）初始信任水平存在文化差异

大量研究表明，中西方文化下的个体在一般信任水平上存在着显著差异。一般信任是指个体依据过去的经验来判断他人可信程度的倾向，一般信任水平存在差异直接导致了人们在信任初期的初始水平不同。研究结果普遍认为，美国人的一般信任水平要显著高于东方文化下的个体，如日本、中国等。由于集体主义强调人的群体性，内群体对自己的影响非常大，因此东方文化下个体的信任具有指向性，他们对内群体有更高水平的认同信任，在合作意向上也更倾向于与本群体内的人合作（Iarashi et al.，2008）。有研究采用实证研究的方法验证了这一点。Yamagishi 采用问卷调查法，共收集到了 852 名美国大学生和 212 名日本大学生的数据，以测量他们的一般信任。研究结果发现，日本大学生在一般信任量表上的得分低于美国大学生在该量表上得分的 1/3 个标准差（Yamagishi，1988）。为了增加该研究结果的生态效度，随后他们再次采用了成人样本对两个国家个体的一般信任水平进行调查。在他们所调查的 1571 名美国人样本中，47% 的被试认为他们愿意相信大部分人；而在 2032 名的日本人样本中，则仅有 26% 的人选择愿意相信大部分人。

由此可见，不同文化下个体的初始信任水平是存在差异的。这种初始的信任水平导致了个体在信任建立初期的表现也存在着显著的不同。如在北美、西欧等西方文化下，个体通常是基于"他人是可信的"这一假设而与他人快速建立人际关系，直到发现对方有让人不可信任的证据才会终止信任（Dirks et al.，2009）。但是，对于东方文化下的人来说，在最初交往时的一般信任水平比较低，不愿意轻易建立信任关系。随着所处环境的改变及时间的长度，他们再根据各种证据进行决定是否与对方建立信任。从这个角度说，东方人信任建立的过程属于"慢热型"。

（二）信任的建立方式存在东西方文化差异

已有研究表明，个体信任建立的过程包括五种策略，即算计、预测、合理化、评估和迁移（见表1）。从表1中可以看出，信任建立的五种策略在不同文化维度上的表现具有显著差异。具体来说，以个体主义为导向的文化下，人际信任建立的根本目的在于满足自身的需要，所以他们在决定是否信任他人时常采用算计的方式来完成，在对风险评估的基础上，使自己的利益最大化。同时，该文化下的个体也会对他人的能力进行评估，这是因为能力在不同的情景下的一致性比较高，很少受到文化情景的影响。然而，对于以集体主义文化为导向的个体来说，在人际交往的初期，他们会根据自己所处的情景不同而对他人有不同的预测，他们的信任水平也会随预测的结果发生变化。

表1　不同文化维度下信任建立方式的选择

信任建立方式	文化维度	潜在的行为假设
算计：以不信任的方式来计算得与失	个体主义/男性化/高权力距离感/低模糊性	个体追求自己的利益最大化
预测：基于过去和现在对未来做出预期	集体主义/女性化/高权力距离感/高模糊性	个体的行为具有一致性和可预测性
合理化：合理化对方的动机	集体主义/女性化/低权力距离感/高模糊性	与他人的行为保持一致
能力：评估对方的能力	个体主义/男性化/高权力距离感/高模糊性	个体的能力存在不同
迁移：已知实体的信任转向未知实体	集体主义/女性化/低权力距离感/高模糊性	制度可靠，那么团体也是可靠的

当信任对象的行为与自己的预测出现不一致时，他们甚至会通过合理化的方式选择继续信任他们，如寻找证据等（Bradach & Eccles, 1989）。如果找不到合理化的证据和手段，他们会继而采用迁移的手段，把自认为"信任相关的证据"加到对方身上，使得他们的预测与他人的行为具有一致性。他们认为如果某种制度、团体是可靠的，那么隶属于那些团体下的个人也是可靠的。

（三）信任的类型存在东西方文化差异

目前对信任类型的划分最常用的是特殊信任和普遍信任。特殊信任一般是指有特定对象的信任，而普遍信任则是指不具有特定对象的信任（罗家德，叶勇助，2007）。以上对两种信任类型的划分，几乎在学术界达成了共识。在不同文化背景下，信任的类型也存在差异。具体来说，一方面，不同文化下的个体在不同类型的信任上的表现形式存在差异；另一方面，随着全球化的发展，多元符号的并存，不同类型的信任形式也有可能在同一个体身上并存。西方个体信任是基于自身对风险预期的假设而进行的博弈，是根据个体对其社会环境的预期性和风险性进行的判断。而东方文化下个体信任的建立则是以"放心的关系"作为前提，在这种基础上中国人偏重于对人的信任或者对人品的信任，而对能力因素比较轻视。在这种文化背景下，中国人的信任更容易建立在情感依赖的基础上，对他人表现出更高水平的认同信任，具有特殊的信任对象及指向性（Sanchez-Burks et al., 2003）。有研究者采用社会网络分析的方法也印证了这一观点，认为中国文化下的个体更强调"关系"对中国人的重要性，因为家庭式的关系在信任的建立和维持过程中起着重要的角色（Morris et al., 2001）。作为集体主义文化下的个体，中国人通常将与自己交往的人按远近、亲疏区分成不同的圆圈现象，将人分为"自家人"和"外人"。在不确定的情景主义下，自我可以扩大，可以不分彼此。同样采用网络实验研究的方法发现，美国人对陌生人的信任水平较高，即有较高水平的一般信任。日本更相信熟人。同时日本人的人际信任关系通常会更持久、更稳定，而美国人则很容易在人际交往的初级阶段就能获得新的朋友（Kuwabara et al.，2007）。

（四）信任修复方式存在文化差异

信任在社会运行的过程中是有风险的，信任一旦受到破坏，就会出现比较严重的后果，对社会秩序也会造成极大的破坏。信任破坏也叫信任违背，是指受信者通过自身和信任者形成的特殊关系，按照受信者的方式或者意图的相关行为并没有达到预期效果的行为。在修复策略上，功能性、情感型和契约型是主要的三种类型（Tomlinson et al.，2004）。从另外一个角度来说，信任修复策略分为言语型和实际行动型，如承诺属于语言型、抵押和补偿等属于实验行动型的修复策略（Desmet et al.，2011）。除了信任水平、信任建立方式、信任的类型等在文化上存在差异外，若人际信任受到破坏，人们对信任的修复方式也存在着文化差异。集体主义—个体主义文化维度常被研究者用来探讨个体行为的差异（Ren & Gray，2009）。有研究认为，个体主义文化下的自我结构是独立于外部群体的，个体对目标的追求和喜好通常是个体做出某种行为决策的重要指标。与之不同的是，集体主义文化下的个体通常把他人和群体看成自我的一部分，因此有更高的顺从需求。由于这种自我差异的不同导致东西方文化个体在自我表达方式上存在显著不同。这种表达方式的差异也导致了人们在信任修复的策略上存在着文化差异。

总体来看，集体主义下的个体更愿意采用隐晦的方式表达感情，表达方式也更内敛，更间接。而西方文化下的个体的表达方式则更偏好于直接，更喜欢用外露的表达。已往研究发现，道歉这一修复方式在集体主义文化下非常有效，其中对于包含情绪的道歉效果最好，要有真诚的悔意和态度（Joost & Leunissen，2013）。然而，对于西方文化下个体主义基础上的信任，更多的是基于自己的利益进行的经济方面的估计。因此，经济赔偿等能够弥补人们经济利益的方面则是更有效的修复策略。

（五）东西方文化差异视角下影响人际信任建立的心理机制

1. 经济人和社会人信念

经济人假设是经济学中对人性问题的一种基本看法。每一个从事经济活动的人都是利己的，追求自身经济利益的最大化是他们所追求的唯一目标。经济人信念即认可自己是经济人，同时也相信其他人是经济人。如果个体抱有这种观点，那么将对个体的信任水平起到破坏作用。因为信任的前提在于对别人善意的感知，否则若假设别人都会为自己的私利而算计，那么人们自然会有较少的合作行为，更不愿意建立信任行为。经济人信念可以从日常经济活动中自然而然地获得，当前研究发现，这种习得的经济人信念也会对信任造成破坏（Xin & Liu, 2017）。从东西方文化差异的角度来看，中国文化下人情、面子对人际交往有着重要的作用，因此更有社会人的特点。他们更能共情他人的感受，更看中长期的人际交往，因此在交往中对未来的"报"具有期望，也更能感知到他人的善意，基于此也会有较高水平的社会认同。而西方文化下的经济人，则会建立在算计的基础上，表现出更高水平的一般信任，其认同信任水平则比较低。

2. 潜规则对信任的破坏机制

如上所述，人情、面子在以关系为导向的文化情景中起着重要的作用，而这些因素实际上与市场发展的规则是相悖的。当前学者把潜规则定义为"违反正式规则，如法律、政策等、不能公开但同时又受到大多人默许并遵守的一套规则体系"（辛素飞等，2017）。其实潜规则在中国人的日常生活中存在得比较普遍，以往调查表明60%以上的人认可潜规则的存在并有接触潜规则的经历（鲁芳，2013）。因此，对于不同文化背景来说，中国传统文化下由于显规则体系不够明确或者完备的体系不能更好地得到遵从，潜规则会出现并流行。有研究也证明了潜规则有对信任的抑制作用（辛素飞，2016）。

四、信任的实证研究现状

通过对相关研究梳理可以看到，虽然已经有大量的研究关注了东西方文化背景下信任的差异性，然而从该视角出发的研究往往仅对不同文化下信任的差异点进行描述，而对信任的本质问题，影响信任的独特元素等方面的研究还不够深入。具体如下：

（一）本土化信任的概念需要明晰

虽然大部分学者都认可文化的含义和本质存在文化差异，但是在实际研究中大部分研究者仍然以使用西方文化下对信任的定义及测量工具为主，如研究中常采用一般信任（general trust）对信任进行测量。除此之外，不同学科之间对信任的理解还比较零乱，分类也比较繁杂。最有影响力的信任分类为一般信任和特殊信任，但是也有人将其分为认知信任、制度信任、算计信任、认同信任、策略信任、关系信任等（蓝波涛，2017）。从文化角度来看，信任概念的问题不仅是存在概念有待明晰方面，更重要是存在于信任含义的内涵方面（翟学伟，2011）。对于东方文化下的信任，如中国文化背景下的信任涉及面比较广泛，如信誉、信赖、信用；善意、诚实等。这些词语之间语义交叠，也导致了中国学界对信任没有合理的分类。虽然有一些中国本土学者从本土文化的角度尝试性地对信任的内涵进行解释，但是大部分文章是从思辨性的角度进行，很少有研究从数据实证层面进行验证。

杨中芳和彭泗清尝试从人际关系的观点来对人际信任问题进行探讨，但是实际研究更多的是把信任当作一个人际关系维度来进行（杨中芳，彭泗清，1999）。当前，学术界普遍的共识在于，中国人的特殊信任居主要地位，一般信任居次要地位。然而，建立在关系之上的关系信任是否能等同于特殊信任？建立在关系之上的信任也不是固定的，有时候是借助人际关系网来完成的。翟学伟对信任的本质进行过系统的探索，认为信任的基本含义是通过求助他人来实现自己对未来的预期，主要功能即在于降低交往成本和社会运行的复杂性。虽然信任是一种普遍存在的现象，但是其鲜明的文化特征对于各界研究者来说，信任如果有一个清晰的本土化概念，对于信任的理论研究和社会实践无疑都具有重要的意义。

（二）推断性研究需要加强

从跨文化视角对信任问题的研究多数还主要关注是对不同文化下信任建立的对比，停留在描述性层面，如信任建立方式存在差异、信任修复方式存在差异、信任建立的类型存在差异等。但是对于文化背后哪些特殊原因对此产生了影响及这些影响之间的关系又如何交互影响信任水平的探讨还不够深入。在影响因素上，一般心理因素如信息呈现（完整、部分），思维方式（整体、局部），归因方式（内因、外因），自我（自恋、自卑）；本土文化因素如人情、面子、人际关系、亲密程度等。虽然本土的一些心理学家、社会学家等都对中国特殊文化符号与信任的关系进行了深入的思辨，但是有关这些方面的实证研究还比较少。虽然思辨的结果对我们理解信任的本质有着重要的意义，但仍然还缺乏数据支撑，同时对于思辨关系中的机制问题无法探索。

以"关系"为例，虽然西方文化下的一些研究已经注意到了人际信任中人际关系的重要性，然而西方文化下的研究对人际信任的理解比较简单，通常在操纵中也仅仅是把关系与亲密度相联系。然而在实际生活中，人际关系中的情感成分不仅重要，而且是比较内隐的。那么在针对不同的关系中，礼遇信任、情感信任还是工具信任所起的权重如何？因此，针对这些特殊因素对信任影响的深入探讨，可以明晰文化在信任的建立、维持过程中的作用。

（三）本土化研究范式需要完善

从不同的研究视角出发，当前研究中对信任的测量方法主要包括问卷法、情景法及实验室实验法。当把信任看作一种特质时，通常采用信任量表（如一般信任量表、认同信任量表和算计信任量表等）；当把信任看作一种决策

多元文化视角下人际信任的建立

倾向时，一般采用实验室实验的方法，如常用的囚徒困境、信任博弈和蜈蚣博弈等。然而，针对当前常采用的信任量表和博弈范式是否真的能够测量到信任？

从文化角度来看，当前研究范式可能有以下问题。（1）采用已有的信任量表进行测量时所存在的信效度问题。用量表来测量信任的前提是把信任作为一种特质，它是长期稳定不变的。然而考虑到文化差异，此信任随着不同的情境是在发生变化的、是存在差异的。如前所述，中国人对诚信的理解建立在"关系""报"["报"涉及社会关系和人际交往行为的基本规则，即人际交往中应该礼尚往来，等值相报（郭锋，2002）。]等基础上，是建立在长期人际关系的基础上；另外，由于社会称许性的存在，个体在主观报告时可能会有所失真。（2）采用的信任游戏测量范式（如囚徒困境），很难分开测量的是合作还是信任。虽然很多合作行为是建立在信任基础之上的，然而，也有很多合作可能是建立在纯粹的利益之上。对于中国文化背景下的个体来看，认同信任更占先导。认同信任不仅仅是理性的决策，还有情感因素包含在内。因此，当前很多研究通常仅对游戏操纵一轮，那么这样的研究更是脱离了真实的文化情景，没有考虑到其中的情绪成分。（3）不同文化下个体对游戏中因变量的理解（金钱概念）存在有显著不同。由于目前的一些投资和信任游戏中通常是采用金钱来衡量信任，因此不同文化下个体对金钱概念的理解差异是需要考虑的。从这个视角上看，当前的研究结论的普适性还有待于进一步验证。在当前中国经济状况及历史上经济的高度被剥夺感的影响下，中国对金钱的概念与西方存在明显差异。因此用金钱来衡量信任是否精准合适？

综上所述，我们急需开发本土文化量表及本土文化下的信任研究范式。采用合适的研究工具，才能得出更精确的结论，从而可以更有针对性地来认识、应对人际信任建立、维持、破坏与修复的问题。

第二章 文献综述与问题提出

一、传统文化下的人际信任

我国的传统文化蕴藏着丰富的人际信任资源，中国人的人际信任具有中国传统文化的烙印（李妍，贾林详，2009）。人际信任也一直是中国文化的一个古老话题，如"人无信不可交也"，"仁、义、礼、智、信"中的"信"乃五常之一。在传统的儒家思想里，"诚信"不仅是儒家思想的基石，也是人们生活的道德规范。信作为五常之一，是人与人之间能够协调的基础，也是儒家倡导的人际关系准则。中国人自古以来就重视人际关系的和谐与稳定，如果人的行为表现出不确定性，那么就违背了行为规则，也影响人际关系的和谐发展。

（一）关系与人际信任

1. 关系

在西方文化背景下，人际关系一般是指个体与个体之间的关系，社会心理学中多将其定义为他人与他人之间的心理距离和行为意向（杨宜音，1995）。实际上，这个概念在西方的社会学和社会心理学中并不频繁使用，在我国却被用得非常频繁，因为它反映了中国人的社会生活观念的本土含义。"关系"在新华字典上的解释为："人或事物之间的相互联系"。具体一点来说，关系是指人与人、人与物、物与物之间的相互联系。"关系"在社会及行为科学中包括个体与个体、个体与群体及群际的联系。在此基础上，有研究把"关系"界定为一个或一个以上的个人或团体或者团体与团体之间的相互作用、相互影响的状态（翟学伟，2009）。从以上定义可以看出，关系的特点之一在于它是一个动态的观念，它需要靠交往来维持，通过与自己有关的各种关系从而构成关系网。

在西方文化背景下，人际关系是一个拥有自我的个体之间所形成的心理距离，大多是由人际在互动中建立起来的。在中国文化背景下，"家"是最有意义的单位，它强调血缘关系。因此，东方文化下的"自我"与西方不同，它在群体内外的界限不明确。西方的人际关系重点集中在内容上，如竞争关系、比较关系、合作关系；中国的人际关系集中在身份形式上，如夫妻关系、亲子关系、邻里关系。在农耕文化里，亲密是"关系"，而不是交往。有关系，未来频繁来往；频繁来往，也未必有关系。因此，关系在中国人的实际交往中有三个层面的含义：首先是认定的关系，如同事，家人，老乡和朋友等；其次是可以搭建的关系，即靠拉关系、套近乎等方式建立的关系；最后则是认定的关系加上搭建的关系形成的关系网。也就是说，关系很重要，有最好，没有就需要想办法建立关系，最终成为各种关系的人脉。

从不同的角度上看，关系也被分为不同的类别，如被分为家庭关系和非家庭关系。中国的家庭关系和非家庭关系最早起源于中国的五伦："父子有亲，君臣有义，夫妇有别，长幼有序，朋友有信"。这种伦理道德观主要强调与"我"有关的"熟悉人"（贾兆飞等，2012），而陌生人则不包括在内，因此，中国人对陌生人一般比较冷漠。尽管家庭关系和非家庭关系区别明显，但是他们也有共通之处，即和谐关系。这种共通之处也为非家庭关系建立了基础。比如，古代的父子关系和君臣关系相似度很高。另外，关系有时候也被分为情感性关系和工具性关系。在上述家庭/非家庭关系中，家庭关系也经常被认为属于情感关系，非家庭关系被认为工具性关系。在社会交换理论中，情感关系一般是一种责任而工具关系则是一种利益的交换。关系也可以分为正式关系和非正式关系及混合性关系等。

2. 关系的动态特征

关系本身具有自己独特的特点。首先,关系具有同源性。这种同源性可以通过追根溯源,找到关系的源头。如同学,同志,同窗,同乡等。其次,关系具有累积性,它是一个靠历史累积形成的一种比较稳定的关系,如老乡、老友、老同学等,是一个累积和发展的过程。再次,关系具有亲密性,如亲密无间、关系一般、没有什么关系。关系所处的层次不同,他们的行为方式也就有所不同。最后,关系是具有动态性的。如虽然有老朋友,但是也结识了新朋友。中国文化背景下的"关系"的特点,在人际行为建立的过程中起着重要作用。从双方的角度上说,关系基础、关系质量和关系动态是人际关系的三大特征。

关系基础。关系基础一般是指交往双方在建立关系之前已经存在的某种特殊的连接(Tsui & Farh,1997)。也就是说,现在有一定关系的双方在之前可能已经存在某种关系,也可能不存在任何关系。不同的关系基础对后期的关系质量有着不同的影响。如有些关系建立在具有一定认同的基础上,如同姓人、校友、老乡及共同的党派等。这些身份的认同基础与西方的研究划分方式不同。在西方文化的研究中,他们通常用性别、年龄等进行身份的划分。

关系质量。关系的基础及类型与关系质量有直接的联系。以情感为基础的家庭关系,一般是比较强烈并且比较亲密的。而非家庭关系即会有较远的距离,关系也比较弱。

关系动态。在人际关系中,策略、实践及过程是比较重要的因素。已有研究发现,一般从公司水平来说,关系经常被看作一种竞争的策略。如有研究者把"关系"作为是为了获得工作和生活目标的工具。在关系的动态过程中,现在的研究已经有一些模型来揭示。这些模型一般把关系与历史、文化、语言等因素相联系。

3. 关系取向与信任

社会科学研究者认为中国人人际关系社会取向的特征为"社会取向"

"关系取向""情景取向"和"他人取向"等。杨国枢认为关系取向是中国人运行的重要特征，也是人们日常生活中的适应方式。佐斌认为：关系取向是人们以关系作为对自己和对他人认识的依据或线索并依此对自己的角色进行界定和作出相应行为反应的一种心理倾向和行为风格（佐斌，2002）。"关系取向"不仅是一种心理倾向，也是一种行为模式。佐斌认为，中国人的关系取向主要包括的内容有三个方面。首先是关系决定论。中国人一向认为，关系决定着人或事的本质，也决定了人的生活意义和价值。其次是关系认知的意图，中国人对关系的不同认知决定着他们采用不同的策略。再者是关系的行为法则。因此，关系取向即是指认知关系、重视关系及实验关系。

关系取向的自我强调顺应环境，遵守社会规范与社会规则。为了团体的利益，不惜牺牲个人的利益。遵循差序格局，以血缘、亲缘和地缘为纽带建立关系。关系是信任的出发点，其基本逻辑在于，如果在关系网中，人不守信，那么他最终可能会被关系网所排斥，也即关系网有一定的依赖性也有一定的处罚力度。因此，中国人的关系是无选择性和长久性的（翟学伟，2011）。如果一个人不守信，那么他就可能失去有选择性的社会关系，进而付出沉重的代价。所以，即使一个人的人品有问题，只要他还想继续待在人际关系网络中，那么就必须要维持信任关系。中国传统文化历来都是重视信任的，诚信一直是构筑人际关系的桥梁。基于血缘的关系是一种牢靠的纽带。文化信任论直接指出，文化是人际信任建立的重要土壤，离开具体的文化社会情境来谈及信任问题是没有意义的（Gunia et al.，2011）。在人际互动过程中，中国人非常注重亲疏有别。人们的信任策略很灵活，根据不同的人际交往对象他们信任建立的方式等也存在巨大的差异，如亲人、熟人和陌生人。同时，中国文化背景下的个体也更容易关注到别人的想法，以获取更加和谐的人际关系。Morris等人通过社会网络分析的方法也指出了"关系"在人际信任建立中的作用（Morris et al.，2001）。

（二）人情与人际信任

1. 人情

对于以集体主义为特点的中国文化情景来说，历史上的长期定居以及以农耕为主的生活方式使中国人在人际交往中有自己的特色（梁漱溟，2005）。文化心理学研究结果表明，讲关系、重人情的文化因子已是中国人格的一部分（Cheng，1986）。人情对于理解中国人的人际信任是一个不可或缺的因素。人情是中国社会在家庭制度上的直接体现。中国是一个农业传统社会，由于生活中的土地固定不能移，长期形成了聚族而居的生活方式，乡村生活中通常以稳定、和谐为要旨。因此，中国人在人际交往中"情"的成分特别重要。社会心理学的相关研究认为，情感、认知和意向三种成分中，情感成分是更加稳定和持久的。因此中国人在处世之道里同样也具有认知和情感成分。中国的人情以血缘关系为基础，家族主义在对人情的理解和操纵中有重要的影响。"中国人的生活，因亲及亲，因友及友，其路仍熟，遇事总喜托人情。"

黄国光等人认为，"人情"有三种不同的含义（黄国光，胡先缙，2005）。(1)情感：包括喜、怒、哀、乐等情感。不同生活场景下的个体也有相应的不同情绪表现。如果一个能够了解别人的情绪状态，进而投其所好，避其所恶，那么他就是"通情达理"的，反之，便是"不通人情"的人。(2)资源：人际交往过程中通过表达情感交换所获得的资源。在别人遇到困难时，我要慷慨解囊，别人有喜事，我要送礼物表示祝贺。如果对方接受了我的帮助，也就欠了"人情"，此处的人情，是指一种交易资源。(3)是人际交往或者人际相处的重要法则。人情也具有规范性，受人点滴之恩，须当涌泉相报""己所不欲，勿施于人""来而不往，非礼也"。受了别人的恩惠，欠了人情，就应该换其他方面作为回报。这些人情法则也成为约束我们交往做事的一个既定的模式。人情在人们的社会交往中具有惩罚的机制。也就说，如果在社会交往中个体违反了人情的原则，那么在随后的交往中他将会失去一些资源并会受到他人的排斥。翟学伟认为人情是包括血缘和伦理成分的交换行为，人情、人伦、人缘是中国人际关系构成的主要成分，其中人情是人际关系的核心成分（翟学伟，2004）。中国人情的最大特点在于把情建立在家的基础上，血缘成分成了人情中的重要因素。从以上观点可以看到，只有在社会交往中才能产出人情，也即人情具有社会性。最后，人情也具有情感性。情感性参与到人际交往过程中使得人们的交往变得更加复杂和多样，也就有了中国特色的人情社会。因此，对以上的概念和观点进行梳理可以得出，人情是指基于"报"和"恩惠"的前提下，个体表达情感和维持人际关系的行为准则（翟学伟，1996）。

2. 人情交换法则

从以上的几种人情观及定义可以看出，人情的一个核心部分在于交换，其中有精神的交换，也有物质的交换。面对不同关系的个体，所采用的交换法则也会随之改变。与亲人交换时，会根据血缘关系而做出奉献的行为；当与陌生人交往时，则会根据个人的需求和利益，得与失等的公平法则来进行；而面对熟人关系，则既包含利益，也包括情感（高伟，陈俊，2008）。这种错综复杂的关系使得中国的人情内容变得丰富多彩，具体来说如下：

利益法则。利益法则多发生在与陌生人的交往中，在这种人际关系中，人们所表达出的情感行为较少。他们会根据公平的原则，依据客观的标准，通过对收益和风险的评估，最终做出有利于自己的决定。如果个体感受到了某种风险，认为交换过程不平等，那么就会持有质疑的态度。或讨价还价，或直接拒绝，或终止交换。这样的法则多发生在销售方和购买方，护士和病人，乘客与司机之间。在这样的关系中，大家可能仅有一次交往的机会，并且这次交往也会作为达到自身目的的一种手段。在情感方面，即使有，也十分有限。从道德层面来讲，有的人会为了满足自己的私利最终做出伤害别人的事情。这种情况则是由道德规范等引起的。

情感法则。情感法则多发生在血缘关系的亲、友交往中。一般来说，亲友关系相对长久而稳定，同时人们也可以从这种关系中获得安全感、归属感、关注等各种情感需要。如夫妻、兄妹、室友、战友等人际关系即属于此类。除了满足情感需要之外，这种亲情关系也可以作为工具去获取其他的各种资源。尽管如此，亲友关系中的情感成分的比例仍然占主要地位。在传统文化情景下，家庭成员往往被看作一个共同的单位，在家庭中主要依据的是需求法则，即"各尽所能，各取所需"。人们主要在于加强和稳定他们之间的情感，而获得多少的利益则不是人们重点考虑的问题。对亲人的请求不管代价与回报是什么关系都会接受，其中当代价远大于回报时，还会对人们产生较大的心理压力与心理冲突。

人情法则。在与陌生人和亲人的交往中，法则都比较明确。最复杂的人际关系存在于熟人当中。熟人关系是指交往对象有一定程度的情感关系，但是这种情感关系又远远低于亲人关系，如老乡、邻居、同事等人际关系。熟人关系中需要考虑过多的因素，既不能直接按照利益关系，也无法遵循亲情关系。在与陌生人的交往中，双方即使再次相遇，也不会有更进一步情感交往的预期。但是熟人间的交往是具有特殊性和个人化的。他们不仅接下来需要进一步的情感交往，而且会关注到别人如何看待这种交往，也即人际关系网。在这种情况下，人们一般遵循的是不均等法则，即为了某种人情关系进一步维持而采取的一种回报方式。这种法则的具体表现主要是三方面：一是人情无法衡量；二是亲密关系中既不能互欠人情，也不能算清账；三是人们对他人的付出会有回报的预期。但是因为人情无法用价值衡量，所以人们会用不均等的交换原则。

3. 人情与信任

信任从某种本质上说是一个博弈决策，即个体在某个信任情景中会对自己所获得的回报或者面临的风险进行评估（翟学伟，2014）。在对自己的付出和所获得的利益进行评估和算计之后再做出是否要相信他人的决策。长久以来，中国的人情一直作为一个重要的约束模式指导着个体按照某种既定模式行事，也约束和制约着个体的行为，减少了人际交往过程的风险和损失。人情在中国社会中具有非常独特的重要性，是中国人信任建立的主要依据与准则。由于人情是基于互惠互利基础上的交换行为,因此他们不会因为自己的私利而最终有可能付出极大的代价,即失去人际关系网中的资源。由于人情极大的束缚作用,因此信任的建立会在人情互动中形成。一般来说,重视人情的个体,由于出于维持与他人的关系及社会本身的和谐,经常会表现出更多的亲社会行为,如信任和合作。而不重视人情的个体,则会更关注自身的感受。

由于情景导向的文化对个体行为的影响,人情对信任行为的积极作用也变得十分复杂。它会受到互动情景、个性特点、互动对象的影响。如互动情景方面,人们一般对风险程度低、经济类主题的信任水平较高,但是对于负面的、风险大的信息及隐私类的主题信任水平会比较低(牛江河 & 辛自强,2009)。当信任的主题风险较大,他们所需要承担的风险较大,决策时倾向于做出理性决策,受"关系"影响不大;但是当主题风险小的时候,人们承担的风险也比较小,在这种情景中关系所起的作用比较大。

(三) 传统文化视角下影响信任建立的心理机制

1. 人际需要类型对信任影响的差异机制

中国社会中常把"关系"区分为"情感性关系""混合性关系"和"工具性关系"三种类型。人情、面子与人际信任建立之间的关系通常会随着关系类型的变化而发生变化。通常来说,公平法则本着资源交换的原则,一般不存在长期的施报关系;然而,情感性关系与混合性关系则更倾向于长期的交往关系,并在人际交往中,遵循着中国人"报"的行为规范。如在家人圈内,一般遵循的是"各取所需、各尽所能"的原则,大家都愿意共同付出,并且一般不计较其所付出资源的代价。然而,在熟人关系中,大家的交往则更多的遵循"礼尚往来"的规范,资源拥有者面对他人,通常会将其所要付出的代价与对方的预期回报作比较,再进一步做出是否要给对方做人情,从而也常常陷入人情困境。从这个方面来说,"情义"深浅本身就意味着个体对对方的可信任程度。对于家人来说,意味着放心关系;对于熟人来说,意味着信任关系；而对于陌生人来说，他们关系的本质是一次性交往，则称为"无信任关系"。

2. "情义"与"利益"

对他人做出信任的行为，愿意相信他人的善意与合作，有情义，也有利益。在双方关系中，"情义"卷入的深度往往决定了受恩者一般将会尽最大的努力给施恩者相当的回报与补偿。在恩义型的"主从关系"及"庇护关系"之外，还存在一种功利交换关系。功利交换关系在某些阶段的交往频率虽然相当高，但它的维系不是建立在情义基础上，而更多的是基于彼此利益的需要。一般情感认同很低，既不是关系，也不是情义，有时候是种强制关系。当然这些传统文化下的类型在中国市场化进程中的作用值得研究。西方社会的信用体系与制度发展是相对完善的；而中国民营经济的发展脉搏中，"情感关系"对信任具有嵌入的影响机制，通常超越了公共规则及制度（房书君等，2016）。

（四）研究存在的问题

1. 思辨和实证研究的平衡

人际信任问题一直是本土心理学家持续关注的话题。这些研究从不同的角度对信任的概念和本质等进行了深入的探讨和分析。相关研究对信任的溯源，包括农耕社会关系、熟人社会、儒家的人伦关系等多个角度进行了思辨，为我们更好地理解信任与西方文化下信任的差别提供了思考方面。同时指出了中国文化背景下的信任有可能存在的特点，并对中国"信"的多层含义进行了罗列。尽管如此，这些思辨多在西方"信任"概念的基础上，思考中国文化下的信任与西方文化下的信任有何区别、西方文化下的信任哪些在中国文化下不合适，但是并没有提出属于本土化的定义。同时也有研究者关注到中国传统文化下的一些特殊元素，如人情、面子、关系、差序格局对信任的影响。但是综合起来看，这些思考多停留在思辨的水平，还没有固定的研究范式、操作定义等测量它，为思辨结果提供实证支持。

思辨研究多在于揭示相关的概念本质、机制与结构等。这类研究的重心在于对概念之间的关系进行探讨，但是对相关的事实证据重视不足。思辨研究最大的特点在于它能对抽象的概念进行深入的理论构思，可以为实证研究问题提供思想来源，因此相应的一些问题也成了实证研究的方法论基础。而实证法则是采用数据收集的方法，如典型代表方法实验法，及质性研究的观察法和访谈法等。这类方法往往在相关事实经验的基础上，再形成相应的理论观点。随着心理学研究技术的发展，多元统计方法的进步，学者逐步对复杂的心理活动及其复杂的影响因素进行了深入的探讨。它所获得的数据可靠性高、普遍性高，同时对复杂事项也具有较高的把握能力。因此只有思辨和实证相互结合起来，保持平衡趋势，发挥各自的优势，才能对问题有更深入的探讨和思考。

2. 本土信任的理论建构问题

西方文化下有关信任主题的相关研究已经有大量的相关理论来进行论证，如情景交换理论，阶段发展理论，循环增长理论，双螺旋模型等。然而，这些理论根植于西方本土文化，是在相应的西方文化变迁过程中所形成的心理学结论，其文化普适性需要进一步深入的讨论。中国心理学家早就意识到了这一点，也在努力抵御完全进口的心理学。因此，我们的心理学研究在理论上也已经有了长期的探索，如 20 世纪 20—30 代潘菽的中国特色心理学研究及朱智贤教授主张儿童心理学研究中国化等。

从 20 世纪 90 年代以来中国心理学科走进了繁荣时代，也是进口理论广泛使用的年代。但是仍然有学者在构建本土的中国心理学理论体系。如燕国材、葛鲁嘉、申荷永、叶浩生等本土心理学家都从自己的观点出发，主张建立属于中国特色的本土心理学体系，而再要去整合东方和西方心理学，为中国心理学服务。然而，这些理论探索也多停留在思辨层次上，到现在为止还没有一个公认的、科学的框架能把这些思辨融合到一个框架中。随着社会的变迁，社会的外部环境和宏观背景影响着信任的变化，"人之初，性本善"的社会认知，与东方文化下个体的一般信任感比较低的现象好像是矛盾的。

有什么样的理论可以解释这种现象呢？如何结合中国特殊的文化特点及信任的心理过程，结合西方研究中的人格、情绪、行为等，从人性角度出发，把相关理论构建到某一框架下，是当今本土心理学研究中关注急需解决的问题。

3. 动态性研究缺乏

随着全球化的发展，信息获取的便利性增加，居住流动地的变迁，个体/群体间的信任变得更为复杂。同时，由于计划经济向市场经济转变，生产方式变革等，也对个体的心理与行为产生了强烈的冲击。文化具有动态性，它会随经济的发展发生变化。受文化变动的影响，一些传统角度思辨的问题，如人情、关系、回报等对个体和群体的影响有什么动态变化？在当前传统文化向现代文化过渡的阶段，如果仍然采用静态的观点来研究信任是存在一定问题的。传统文化下信任的建立确实受限于血缘、地缘和人缘关系的影响，也具有人情的色彩，因此难以建立广泛的信任圈，而针对某个具体的对象和特殊群体（亲人）的信任水平却比较强。然而，现代社会更多的是一种陌生人社会，人与人之间建立在"缘"基础上的关系受到了阻断，制度和契约成为维系人们信任的趋势。尤其值得关注的是，随着网络社会的发展，一种新型的、混杂的信任模型逐渐形成。由于人与人之间的关系距离变远，个人被抽象化为"经济人"，对利益的追求倾向比较凸显。

从传统到现代，文化和经济的变化对信任的动态研究值得我们关注。从动态的观点来看，人际信任的形式、指向目标等是否也发生了相应的变化？在多大程度上维持了原来的模式？信任研究的现状如何？如果仍然仅从静态观点对此问题进行研究，还把当今社会看成原来的传统社会，采用传统的测量方式，那么我们对信任的概括是不全面的。举例来说，当今广泛议论的"信任危机"即是缺乏动态研究的结果，信任是在下降还是其形式在不同文化下发生了改变？因此，如何从动态观点来监控这种变化状态，及影响其变化的因素、变化的模型等问题，是当前研究者迫切关注的问题。对于此问题的解决，不仅有利于加深信任变迁问题的理论理解，也有利于更好地应对当前的信任危机现状。

随着经济与社会的发展，文化的变迁与转型，各学科学者都开始关注到现代化对个体的思维、理念、价值观、行为、态度等的影响。文化变迁问题最近几十年也成为研究者所关注的焦点。全球化的意义在于加强了世界范围内的社会关系，拉近了不同文化下个体的物理距离，以一种特殊的方式将遥远的距离和地域相联系起来。也就是说，全球化使不同的社会情境和不同的地域之间形成了独特的联接方式，跨越了世界的范围。与此呼应，中国社会也正在经历一种巨大的变迁，无论是政治环境、经济环境、居住环境还是人际关系都在发生巨大的变化。这场变迁对个体和群体、社会和文化心理都会有重大的影响，也对社会心理学者们提出了巨大的挑战。随着变迁的进行，我国传统的二元结构社会逐步被打破，由原来相对封闭稳定的社会开始变成流动性社会，也由熟人社会变为生人社会。同时也使社会结构的体系、观念要素等变得更加复杂化和多元化。从文化变迁的视角来看信任的相关研究，不仅可以更好地理解文化变迁对个体心理行为的影响，也可以从动态的观点来研究信任的变化，以便更好地理解当今信任危机的现状与原因。

二、文化变迁对信任的影响与冲击

（一）文化变迁对个体心理与行为的影响

1. 文化变迁对价值观的影响

文化变迁对价值观的影响是当前研究中最受关注的话题之一。在传统性和现代性文化的理论视角下，研究发现在过去的半个多世纪，个体经历着从传统到现代的巨大转变。传统文化下的价值观如孝亲敬祖、男性优越逐步向独立自顾、男女平等方面发生转变。有研究考察了出生在新中国成立初期（1950—1965）、"文化大革命"时期（1966—1976）及改革开放时期的个体在价值观上的差异。研究结果发现，改革开放后出生的个体对于开放的接受程度在逐渐提升，但是在自我促进价值方面比改革开放前出生的个体呈下降趋势（Podoshenm, Li & Zhang, 2011）。当今有关文化变迁的研究，大多从个体主义和集体主义视角出发。随着经济的发展和文化的变迁，年轻人开始摒弃集体主义，而崇尚个体主义（黄梓航，敬一鸣，喻丰等，2018）。相关的证据也发现，年龄大的个体，对强调集体主义价值观的广告更赞同，而对于年轻人来说，结果则相反，他们更喜欢个体主义价值观突出的广告。赵等人的研究发现，80后的员工更看重工作本身带来的有个体主义特点的成就感、自我表达感及意义感，非常崇尚带有"酷"色彩的（Zhao, 2018）。另外也有其他的研究结果发现，人们选择的文学电子书中表示个体主义价值观的词语如竞争、私家、自主、创新等关键词在增加；而付出、公家、服从、牺牲等词语的频次在下降。不同研究结果都发现，个体主义提升、集体主义下降这一趋势是存在的（Zeng & Greenfield, 2015）。尽管如此，有些集体主义价值观仍然是没有发生变化的，如家的概念、朋友、爱国和亲情等（Xu, & Hamamura, 2014）。

2. 文化变迁对自我的影响

文化心理学领域的相关研究通常把"独立—互依"的自我建构理论作为自我研究的基础理论之一。研究普遍认为西方文化下的个体更多是独立型的自我建构，而东亚等集体主义文化下的个体则更多是互依型自我建构。独立的自我更关注自己的自主性及自我表达，而互依的自我则非常看重个体和他人关系的和谐。随着文化的变迁，独立—互依的自我也开始发生变化。如出生越晚的个体，在独立型自我上的得分超高。并且在语言表达中也有所体现，用第一人称比较多，而用复数的"我们"则越来越少。另外，当回忆过去时，年轻人的回忆里更多关注个体的内容，而老年人则更多关注他人或者集体的内容。这些现象说明，中国人的互依建构逐渐开始变弱，而独立建构则变得越来越普遍。另外，个体在自尊和自恋水平上也发生了变化。一些元分析表明，中国的青少年在自尊量表上的得分在显著下降，并且不因地点和性别而发生改变。同时个体的自恋水平也在逐渐上升。随着经济的发展，城市化进程，独生子女的增加，个体的自恋水平也越来越高。

3. 文化变迁对人格的影响

文化变迁同样对人格产生了相应的影响。首先，在卡特尔人格特质量表上，研究发现，个体在稳定和敢为性两个维度发生了改变。具体来说，男性在这两个维度上的得分呈上升趋势，逐渐变得和女性无显著差异。其次，在大五人格量表上也有相应的变化。如个体在大五人格量表的神经质、开放性、尽责性、宜人性及外向性上的得分都有显著提升。上述变化趋势存在一定的性别差异，如女性的开放性基本没有变化，而宜人性却在下降。也有研究发现，独生子女在责任性上的得分比较低，但是在神经质上的得分却比较高。最后，以本土化量表为测量工具的研究中，研究结果发现，人格也在随着文化的变迁发生改变。香港中文大学张妙清教授在编制的中国人人格量表中，提出了中国人的可靠性、宜人性、领导性和人际关系性四维度的中国人格特点。也有研究者把中国的"大四"人格与西方的"大五"人格相结合，形成了更具有文化代表性的"大六"人格（张建新 & 周明洁，2006）。以此量表为研究工具，研究结果表明，中国人正逐渐形成"现代人格"，有更强的包容性、人格取向也更加多元化。同时在关系、人情、面子等传统文化核心元素上的特质表现在降低。

4. 文化变迁与幸福感

文化变迁让人们变得更幸福了吗？幸福感是衡量人们生活状态的一个重要指标，也是学术界各领域都高度关注的话题。当前研究发现，从1990至2000年之间，中国人的生活满意度在下降。但是也有研究发现在1990至2007年间，中国人的满意度先呈下降趋势，2000年之后又呈现了回升趋势（Easterlin et al.，2012）。也即是说，中国人的幸福感在这一时期是呈先下降后上升趋势的U形曲线。同样，不同群体的个体在不同的社会阶段的幸福感也是存在差异的。

5. 文化变迁对信任的影响

在全球化经济发展的今天，不同文化符号同时存在的现象对个体态度、行为的影响已经成了多学科的研究对象（陈咏媛，康萤仪，2015）。当前已有理论研究及社会现象表明中国的信任水平正在下降（Xin & Zhou, 2012）。中国社会科学院 2013 年发布的中国社会心态研究报告中指出，中国城市居民的信任水平已跌破 60 分的信任底线。信任缺失是当前中国面临的一个重要问题。

目前对文化变迁降低人际信任水平上的研究主要集中在一般信任上。在一项世界观调查数据中，调查对象在一般信任量表上"大多人都是可信任的""与人交往还是小心为好"（反向计分题）上的得分在 1990、1995、2001、2003 四年中逐渐下降。中国的 CGSS 量表的结果也表明，人们在 2013 年的一般信任水平与 2010 年相比显著下降。辛自强认为，导致人们的一般信任水平下降的重要原因之一在于市场化（辛自强，2019）。不同地区民众的信任水平存在差异的原因可能是因为市场化程度不同。另一方面，由于市场化增加了人们对经济的信念，同时也降低了他们的预期，最终导致一般信任水平下降。然而也有一些研究认为，作为一个以传统文化为特点的国家，诚信一直是中国的传统美德。有实证研究发现，诚信在中国的美德中排名第二，仅次孝顺（Yin, 2003）。国内也有一些研究表明，近年来中国人的信任水平有逐步提升的迹象。那么一方面认为中国的信任水平在下降，另一方面又认为诚信是中国的传统美德。那么中国的信任水平是下降了还是形式发生了改变？不同的文化符号同时存在时又如何影响信任的建立？这种有冲突性的研究结果背后的原因是什么？究其原因，可以归结为以下几点。

首先，与传统的"关系网"被打破有关。传统文化下的中国是一个关系社会。关系在中国社会具有独特的适应价值，因为它既可以满足情感需求，也可以服务于自身。然而，随着文化的变迁和市场的发展，"规则"在人际交往与整个社会中逐渐发挥着重要作用，也使个体和社会变得越来越理性。如有研究针对上海国有企业经理的调查结果发现，在招聘、供应商的选择、福利的发放等方面对关系权重的考虑越来越小（Guthrie, 1998）。黄等通过对在求职的大学生和研究生进行调研发现，他们认为在找工作中，关系起的作用非常小，主要还是靠能力（Huang, 2008）。社会的变迁把中国的熟人社会转变成了陌生人社会，人们更多的是关注自己的利益，追求利益的最大化。熟人社会的信任建立在情感基础上，而陌生人的社会更多建立在规则的基础上。在传统文化下，人们的生活时间及交往对象比较固定，同时以家庭为重心，生活圈子比较小，也会比较关注别人的想法。因此，人们会有更多的基于对对方的认同而建立的信任。然而，随着全球化的发展，人们每天都需要面临更多不同国籍、不同民族、不同语言的陌生人。从这个角度来说，人们在建立信任的过程中将会承担较高的风险。人们在做出与信任有关的行为时，会反复对付出和回报进行权衡和评价，以防上当受骗。因此我们认为，随着传统文化向现代文化的变迁，人们的信任形式也发生了相应的改变。随着居住流动性的变化，人际关系网也可能变得疏远。

其次，与研究中所用的测量工具有关。当前有相当大一部分研究采用一般信任量表来测量信任。我们认为，随着文化的变迁，人们在不同形式的信任上表现的权重不同。如张建新等人认为，当个体面对熟人时，如同学、同桌、同事、同乡、校友等，会表现出较高水平的信任。而当交往对象是陌生人时（如推销员），他们则会表现出更高水平的算计信任。这是因为在传统文化下，中国人更多以"情景导向"和"关系导向"为主，面对不同的情景或者不同的对象，个体所表现出的信任程度是不同的。如中国个体在人际关系中更多表现出的是认同信任，而西方文化下的个体更多表现出的是算计信任（赵娜等，2014）。随着中国文化的变迁，从传统文化向现代文化的过渡，信任的类型与表现是否也有显著不同呢？有些研究认为，算计信任和认同信任在不同文化下的权重确实存在差异。也有相关研究表明，不同的信任形式在不同文化下的意义有可能是并存的（Choi & Han, 2011）。尽管如此，目前还仅有很少的研究关系到中国传统文化向现代文化转变的过程中，信任的形式发生了如何的改变。以往从文化的视角来探讨信任问题多是从跨文化角度进行，如西方文化（整体导向，高风险、高信任）与东方文化（家庭导向，低风险、低信任）的对比。而对同一种文化下不同阶段的文化变迁，例如，传统文化下和现代文化下信任表现形式变化的研究还不多。在文化冲击、文化碰撞过程持续不断发生的现代，文化研究对于人们理解当前社会上少年、青年有悖于传统的生活方式、理解一些非主流的思维模式有着重要的作用。同时对同一文化的不同阶段的信任类型进行探讨，可以更好地解释当前的信任危机现象。

（二）文化变迁的理论框架

随着经济的发展，文化变迁对个体心理和行为产生的后果已经受到多学科的关注。有关文化变迁的理论有很多，其中现代化理论和个体主义/集体主义理论的影响力最大。

现代化理论的核心内容在于对现代社会和传统社会进行区分，而中国的学者杨国枢等把现代化理论用到了个体身上，以区分个体身上的传统性和现代性。杨国枢等从1972年就开始从心理测量学的角度对中国的传统文化和现代文化进行探讨，同时在中国人格与社会心理学领域也已经有了相应的实证研究（Yang, 2003）。与以往的跨文化研究不同，传统性和现代性文化是在非西方国家下的同一文化的不同阶段的表现。从这个角度来看，传统性被定义为是指中国传统社会文化下的经典的动机、态度及人格等；现代性是指中国现代社会文化下经典的动机、态度与人格等（Yang, 2003）。有关传统性与现代性两个概念所包含的范围及差异，具体见表2。从变迁的角度来看，一般认为变迁的趋势为从传统文化向现代文化转变，随着现代性不断增强，传统性在不断下降。

表2 传统性与现代性心理特征（杨国枢，2003）

传统性心理特征	现代性心理特征
集体主义	个体主义
家庭倾向	制度倾向
特殊指向	普遍指向
服从自然	指挥自然

(续表)

传统性心理特征	现代性心理特征
关注他人	关注自我
关注过去	关注未来
自我压抑	自我表现
服从权威	服从公正
依赖	独立
与众相同	与众不同
谦虚	竞争
外控	内控

个体主义和集体主义是文化心理学领域最常用的两个概念，具有狭义和广义之分。从广义上来看，集体主义和个体主义是一种综合的文化特征，包括个体的价值观、情感、认知、动机等方面。从狭义上来看，主要是指个体的价值观及相应的文化观念，通常可以用具体的量表来测量。东西方文化下的个体在个体主义和集体主义上表现的不同之处主要表现在个体是自主还是服从，是独立型自我还是互依型自我，是整体性思维还是分析性思维等方面。从变迁的视角来看，传统社会里主要流行的是集体主义价值观，而现代社会则主要流行个体主义价值观。与传统性文化相呼应，一般认为文化变迁的趋势为集体主义不断减弱，个体主义不断增强。值得一提的是，个体主义、集体主义与现代性、传统性并不是直接对等的。一般来说，传统性和现代性更多关注个体的价值观和人格层面，在实验研究中更偏重于测量。而个体主义和集体主义则内容更加广泛。

（三）文化变迁的研究范式

研究者对社会变迁的研究兴趣主要包括以下三种：时间效应的影响、时代效应的影响及年龄效应的影响。具体来说，时间效应是指不同时间内的文化与经济变化导致的个体行为变化结果；而时代效应则是指特殊时代（如"文化大革命"）对个体造成的影响；年龄效应则是指由于个体的发展及年龄的变化导致的变化。其中时间效应和时代效应是与文化变迁紧密相连的两个效应。目前对文化变迁的研究范式，主要有横断历史研究和文化启动实验两种方法。

1. 横断历史研究

横断历史研究又称"横断历史元分析"，是一种横断研究的设计方法。其目的是在霜一特定时间点或时间段内对不同个体、群体或事物进行观察和调查，以了解它们的情况、特征和关系。这种方法的特点是"事后追认"，而不是像横断研究那样预先设计好研究方法。横断历史研究是把不同年代、不同时间顺序的横向研究按连贯的方式排列出来。横断历史研究虽然是一种元分析方法，但是它与其他元分析方法不同的地方在于，它将年代效应作为随机变量控制掉，把年代效应重视起来，在描述个体的心理量随着年代变化的趋势方向上又向前迈了一步（辛自强，刘春晖，张莉，2008）。它把时代效应和年龄效应相结合，基于一种间接的逻辑来重构时间上的差异，从宏观上揭示心理量（如自尊，心理健康）等随时代变化的趋势。横断历史研究现在已经被广泛应用在社会心理学研究中，是用来分析一种心理现象在不同年代变化趋势的重要方法。

2. 文化启动实验研究

采用实验室实验，通过对文化情景的设置启动个体对不同文化的感知，也是研究文化变迁的重要方法。康莹仪等人在文化动态建构理论的基础上提出了多元文化研究的新范式——文化启动（Hong, Morris & Chiu, 2000）。文化动态建构论认为，文化具有动态性，会受情境线索的驱动。当不同的文化符号呈现时，一些对应的认知表征会被激活。个体在不同文化感知上被激活的程度不同，个体的行为也随之会有所差异。该研究范式已在大量的实证研究中使用，具有较高的信度和效度。

目前文化的启动范式主要有三种。首先是文化符号启动。它是当前文化研究中所采用的主要研究范式。通常采用具有代表性的文化符号来象征某种文化背后代表的价值观、情感和意识。如美国文化启动常用的经典符号有自由女神、米老鼠、林肯等，中国文化下常用的有长城、孔子等符号。在呈现这些文化符号后，要求被试通过书写、口头表达等方式加深对该文化的理解，以激活相对应的认知表征。其次是语言材料启动。与其他启动方式相比，语言材料的启动简化了启动过程。在这种启动中，研究者通常会向被试提供不同语言版本的问卷，在不同操纵条件下请被试完成。同时，研究要求每种版本的材料与相应文化表达保持一致。如用中英文材料、繁体字和简化字材料等。最后是其他研究方式，如描述性启动范式。有研究采用描述性启动范式发现，当使用第一人称（我，我自己）时被试表现出更多的独立性特点，而当使用集体指称时（我们，我们自己）被试则表现出更多的互依自我特征（Hamamura & Xu，2015）。

（四）研究中存在的问题

1. 信任结构内涵的变迁

经济文化变迁对个体心理与行为的影响研究具有重大的理论和实践价值。然而，当前相关研究可以发现，受文化变迁影响的心理和行为因素在其结构和内涵的界定上还存在一些问题。由于目前有关文化变迁的研究还处于初始阶段，尤其是在实证研究层面。在探讨文化对心理行为变化的研究中，通常其背后的假设是心理结构在不同时代下的内涵是相同的。以此为基础，对于不同时代下某种心理机构平均水平进行比较，进而得出某种心理结构是否发生了改变。然而，这种假设不具有合理性。某些心理现象不仅在不同水平上会随着文化变迁发生变化，信任的心理结构本身也会随着文化变迁发生变化。在西方文化背景下的研究发现，早期人们通常会把幸福理解为是好运带来的，而现代人则更多是把幸福归功于个人努力的结果。因此，随着文化的变迁，信任的内涵有无变化呢？比如信任的成分、信任的类型、信任不同成分的互相组合有无变化？尽管如此，在当前文化变迁的过程中，还很少有实证研究对相关概念进行明晰。如一些本土概念，人际信任、幸福感、孝顺、面子、人情、汇报等概念，对其内部结构有清晰的认知与界定的基础上，去探讨其趋势是上升还是下降，这对于揭示文化变迁的影响具有重要的意义。

2. 文化变迁与信任行为的机制

通过相关研究梳理可以发现，当前大多数研究主要集中在揭示文化变迁对某种特定的心理现象影响方面。比如，随着中国的变迁，大多数研究都认定中国的人际信任水平在下降。然而，社会变迁过程中到底是哪些因素导致了人际信任的下降？人际关系疏远，居住地的变化，不确定的增加，文化知识水平的提高，"经济人"理念的增加都有可能是其中的原因。弄清这种变化的心理机制和心理原因，对于当前的理论研究具有重要的补充作用，同时可以为相应的实践提供科学的指导。除此之外，当前文化变迁研究中提到的文化变化主要有四种形式：传统文化的淘汰、外来文化的进入、新文化元素的创造及其他文化变化过程中的随机变异。但是这四种形式到底是如何发挥作用的，是独自发挥作用，还是共同发挥作用？导致人们信任发生变化的原因是传统文化的下降还是现代文化的上升？大脑、文化、基因和行为之间是相互影响、相互作用的。当前的研究还很少从神经机制的研究来探讨该问题，从神经机制的角度探讨文化变迁对信任的影响。众所周知，个体的心理与行为之间的作用是交互、复杂的。而当前大部分相关研究主要聚焦于行为和心理本身水平的变化描述，对变量之间交互的变化及心理机制的研究还比较少。在文化变迁动荡时间，个体的心理与行为之间是如何交互影响他们的信任水平？这也是当前研究中值得关注的问题。

3. 急需具有解释力的理论

随着经济的发展，中国文化正经历着巨大的震荡。现代化和社会变迁与人类发展是当前文化变迁研究所使用的两个最具有影响力的理论。这两个理论的共同点在于对未来的经济发展有共同的预期：随着经济的发展，个体主义的文化价值观及其相关的心理行为将会变得越来越普遍，而与集体主义相关的文化价值观及心理行为将会逐渐衰减。就人际信任问题也是如此，即随着经济的发展，个体的信任水平呈现出下降的趋势。那么文化的变迁与个体行为心理是不是简单的线性关系呢？如有研究调查认为，当前"诚信"在中国价值观里排位仍然处于第二位，仅次于孝顺，说明诚信仍然是国内民众看重的心理模式。尽管如此，很多实证研究又表明中国的信任水平在下降。这种冲突的研究结果值得我们关注。同样，韩国、日本、新加坡等都实现了现代化，尽管如此，儒家文化传统不仅没有减弱，还得到了加强。针对这些矛盾的结果，其中的心理机制需要有强有力的理论来进行进一步的解释。后续有研究者对上述现代化理论进行了部分修正，对于传统文化遗产在一定程度上能够延续的观点表示认可（Inglehar & Baker，2000）。目前为止，哪些文化价值观能延续，哪些又不能，在"你来我去，你中有我，我中有你"的这种变迁中，人们价值观如何交互共存的问题还缺乏深入的研究。因此，针对中国社会变迁问题，未来研究者应该努力构建更有说服力的理论框架，通过合理的理论框架来概括这种复杂的心理变化。

4. 传统与现代文化变迁视角下信任建立的心理机制

（1）风险认知的转变

随着经济的发展和进步，风险成为社会转换过程中的主要问题。传统社会的危险主要来自生存的威胁，如物质的匮乏、传染和慢性病的侵袭、变化无常的天气等。但是对于现代社会来说，风险已经成为现代性的依附品，一方面是由环境污染、生态破坏等新问题导致的可感知性的风险，另一方面来自对未来预期的风险具有不可控性。这种风险往往促发一种对未来的猜测和诊断，个体认为风险在当今现代社会中不可控。现代社会的风险不再局限于地域化的风险。随着全球化的进行，风险在全球范围内也具有联动性，在不同的体系内相互渗透，导致了人们对风险的感知程度显著增高。如投资市场中的政策不确定，劳动力市场的风险情景，与不同的陌生人短期交往频率增加等。因此客观风险与主观风险感知的增加，同时影响了信任建立的形式及水平。

（2）地域性向脱域性的转变

不同时代下信任都是非常重要的，与人类生存相伴，但是其并非一成不变，而是一直都会有所变化。在由传统社会向现代社会过渡阶段，信任也同样经历着由传统的地域性向现代的脱域性转变（魏泳安，2018）。传统文化下的血缘关系、地域性社区、宗教宇宙观和传统本身等地域特征是影响人际信任建立的显著特征。传统社会下，信任是基于日常熟悉性的基础建立起来的，随着现代社会的到来，亲缘关系不再是人际交往中普遍存在的纽带。地域巨大的流动性使得传统思想本身也受到了削弱。在一个高速发展、快速变化的复杂社会中，由于熟悉性建立的关系在最初将会受到抑制，随后也会变成一种新的形式。

三、多元文化视角研究信任的必要性

从跨文化心理的视角对个体和群体的心理现象进行探讨，对具有异质文化的民族和地区的心理现象进行系统的研究，不仅扩大了心理学的研究范围，而且在实践中也让心理学家对一些习以为常现象的态度发生了改变。具体到人际信任问题来说，其研究的必要性表现在以下几个方面。

（一）信任具有文化异质性

如前所述，全世界人民都属于相同的物种，不同文化背景下人们从出生到成熟的发展存在极大的相似之处，有共同的心理基础。然而，在不同的文化背景中成长的个体受文化影响较大。个体的心理过程、价值观取向、道德准则等都是逐步接受社会文化的过程。从目前心理学研究的视角可以看到，西方心理学的研究范式设计严谨，保证了研究的内部效度问题。然而当其结论推广到不同文化背景下时，其外部效度问题是值得我们关注的。因此，西方文化背景下心理学家所得到的结论和法则，若不在中国文化背景下去验证就直接使用的话，难免会产生偏差。中国的传统、历史结构、生活习俗等都与西方文化存在很大的差异，且具有稳定性。如，我们基于价值观取向、生活准则等表现出的"义气""面子""缘分"等，都刻有深深的文化印记，也即我们的民族精神，表达着我们人口的基本特征。但就信任来说，无论在信任的概念和类型上，还是在信任建立的方式及信任修复的方式上都存在着显著的文化差异。西方的人际行为及交易法则是要求每个个体依据自我的利益做出理性的决定。然而，受儒家思想的影响，中国文化背景下的个体与其社会个体所遵循的法则迥然不同。中国人的人际关系有自己的行为规范，这些行为规范同时交织着"差序格局"的影响，使得人际关系变得更为复杂。但是当前大部分有关信任的研究仍然是直接采用西方研究中的概念、范式、测量方法等，因此也得出了很多不一致的研究结果。我国的人际信任有着深远的文化和历史基础。我国古典文献和一些辞书中用"诚""实""不欺"等来解释"信"的含义。"信人""信友""信言""信厚""信誉""诚信""忠信"等词语都表达的是一种信任。在西方的语言表达中，与诚信对应的是 honest, true, sincere, authentic，而与忠诚相对的是 loyalty，与信任对应的词是 trust, belief, confidence 等，但似乎很难找到一个词语同时具有汉语中"信"字的含义。如果不同社会情景下对同一个概念的内涵理解存在差异，那么后续研究采用相同的概念则会使研究结果变量不够精确。人是社会中的人，只有社会交往中的心理现象才能称作心理。因此，我们不必以西方社会的变迁作为自己社会变迁的研究蓝本。从不同文化背景下，或者同一文化背景下的不同的发展阶段来看待某一心理学的本土现象或者本土行为，似乎更有助于我们理解行为表现、背后的成因与心理机制。

（二）信任的文化动态性

以往从文化视角对信任的探讨主要是对不同文化下信任的差异对比，把两种文化处于对立的状态，属于"破而不立"的阶段。然而，随着全球化的到来，同一文化在变迁、不同的文化在融合，使得在同一个文化下不同阶段的文化差异很大。个体在同一时间、空间中可能面临着不同的文化符号，使个体的认同模式发生改变，从而打破原有的心理认知模式。随着传统关系网发生的变化，人们的文化意识也在改变。基于这种文化动态性的特点，我们对信任的研究也不能仅仅停留在对不同文化下的差异对比。其中文化的变迁、文化的并存、文化的混搭等对信任的影响都在同时发生变化。以文化认同为例，在文化变迁的历史背景下，个体的多元文化认同在群际信任中的作用如何？个体在面临文化威胁时，他们的情绪、压力、认知怎么样影响人际信任？个体的信仰、人生观、世界观会不会有变化？跟随文化从动态的视角出发，无疑对我们了解信任的本质和变化会有非常积极的作用，也是促进国家和民族实现国际化和全球化的重要环节，应该受到心理学的关注。

有关文化的动态性，费孝通曾用"你来我去，我来你去，我中有你，你中有我，而又各具个性的多元统一体"（费孝通，1989）来形容变迁中多元一体的格局。在这种混杂的变幻中，人们对于中国传统文化中的孝顺、报、面子文化、信任等核心文化要素的认同正在发生着改变。人类面临变化时所具有知识的不确定性而导致的人们对社会的发展不可预测，会使人们失去控制感。人们为了弥补这种控制感的缺失，他们对大自然、金钱、物质等元素的需求也许会更加强烈，对风险的评估加大。因此，未来的经济环境和物质丰富程度会带给人们关于追求幸福、自我表达、生存和安全等不同的体验。从文化变迁的视角重新审视中国人人际关系，为正确理解本土文化下的信任问题提供了新的思路和新的研究方向。

第三章 研究一 人情、关系与信任的建立：传统文化的视角

从情景视角出发，当前研究认为社会情景是影响人际信任建立的重要影响因素。文化情景理论的观点更加直接，它认为社会环境是人际信任建立的重要土壤，离开具体的文化社会情境谈及信任问题是没有意义的（Gunia et al.，2011）。对于中国文化情景来说，历史上的长期定居及以农耕为主的生活方式使中国人在人际交往中有自己的特色（梁漱溟，2005）。在人际互动过程中，中国人非常注重亲疏有别。人们的信任策略很灵活，根据不同的人际交往对象他们信任建立的方式等也存在巨大的差异，如亲人、熟人和陌生人。同时，中国文化背景下的个体也更关注别人的想法，以获取更加和谐的人际关系。文化心理学的相关研究结果表明，讲关系、重人情的文化因子已是中国人格的一部分（Cheng，1986）。人情对于理解中国的人际信任是一个不可或缺的因素。

研究认为，人情可以分为三类：（1）情感：包括喜、怒、哀、乐等情感；（2）资源：交往过程中通过表达情感交换所获得的资源；（3）是人际交往或者人际相处的重要法则（黄光国，胡先缙，2005）。翟学伟认为人情是包括血缘和伦理成分的交换行为。综合已有人情的定义，我们将人情界定为：基于"报"和"恩惠"的前提下，个体表达情感和维持人际关系的行为准则（翟学伟，1996）。有史以来，"滴水之恩当涌泉相报"通常是约束我们做事

方式的一个既定模式。研究认为，人情在人们的社会交往中具有惩罚的机制。也就说，如果在社会交往中个体违反了人情的原则，那么他在随后的交往中将会失去一些资源并会受到他人的排斥。Morris 等人通过社会网络分析的方法，指出了关系在人际信任建立中的作用（Morris et al., 2001）。一般来说，重视人情的个体，由于出于维持与他人的关系及社会本身的和谐，经常会表现出更多的亲社会行为，如信任和合作。而不重视人情的个体，则会更关注自身的感受。基于以上分析，我们提出：

假设1：中国文化背景下，人情对个体的信任行为具有积极的预测作用。

信任从本质上说是一个博弈决策，即个体在某个信任情景中会对自己所获得的回报或者面临的风险进行评估（张建新 & Bond, 1993）。在对自己的付出和所获得的利益进行评估和算计之后再做出是否要相信他人的决策。但是人情对个体的信任行为的积极作用并不是一成不变的，可能还会受到互动情景、个性特点、互动对象的影响。在互动情景方面，人们一般对风险程度低、经济类主题的信任水平较高，但是对于负面信息、风险大及隐私类的主题信任水平会比较低（牛江河，辛自强，2009）。当信任的主题风险较大时，他们所需要承担的风险较大，个体在决策时倾向于做出理性决策，受"关系"的影响不大；但是当主题风险小时，人们承担的风险也比较小，在这种情景中关系所起的作用比较大。基于此文献的分析，我们提出：

假设2：人情与关系类型在人际信任的建立中具有显著的交互作用。

一、研究目的

李小山、赵娜（2016）等采用问卷调查的方法，探索了人情、关系和人际信任之间的关系。该研究从本土化视角出发，探讨了人情、关系及场景主题等因素对人际信任建立的影响，从而加深对本土文化下的信任机制及信任文化差异的认识。

二、研究被试

本研究采用随机招募的方式,在北京青年政治学院和江西师范大学共招募 370 名大学生进行问卷调查。共发放问卷 370 份,排除未作答完整、答案具有一致性的问卷 17 份之后,最终收集有效问卷 353 份,回收率为 95.40%。学生生源地来自全国二十多个不同的省份和市区。其中男性 151 名(42.80%),女性 201 名(56.94%),1 名被试性别信息缺失。平均年龄为 19.7 岁($SD = 0.92$)。

三、测量工具

人情。本研究采用 CPAI – 2 量表中的人情维度作为测量指标(Cheung et al.,1996)。代表性题目如:"别人请我吃饭,我会尽快找机会回报"及"对我而言,拒绝朋友的请求和嘱托并不是件很为难的事(反)"。量表采用李克特 5 点量表计分,其中 1 代表"完全不符合",5 代表"完全符合"。得分越高,表示在社会互动过程中越倾向于以人情法则处理人际关系。在此研究中,人情量表的 α 系数为 0.79。

关系类型。在关系类型上,本研究选择"关系较近的朋友(熟人)""一般关系的同学""固定摊位的商贩",他们分别代表亲人、熟人及陌生人群体。我们要求实验的参与者回答,在不同人物对象及不同的主题情境下,他们愿意做出信任行为的可能性。这种可能性作为人际信任测量的指标。答案采用 0—5 级进行计分,其中 1 代表"完全不会",5 代表"完全会"。得分越高,表示个体对对方的信任水平越高。

主题类型。本研究信任主题选择的主要来源有两个部分。(1)根据以往的研究内容及有关信任主题的分析;(2)通过对多名研究生进行的开放式访谈。通过以上两种方法,最终选取了 4 个信任主题。分别为"自我透露个人信息""向别人借 500—1000 元""请陌生人帮忙看管物品"及"遇到问题时接受别人的安慰"。

一般信任的测量。本研究采用一般信任量表来测量个体的信任水平（赵娜等，2014）。代表性题目如："现在的人越来越不可信了。"量表采用李克特5点量表计分，其中1代表"完全不同意"，5代表"完全同意"。总体得分越高，表示个体越倾向于相信他人。该量表在此研究中的α系数为0.90。

除此之外，本研究还测量了被试的其他人口中统计学变量信息。如个体的年龄、性别学历水平等。为了控制个体与不同人物对象间关系的亲密程度，我们也测量了他们对亲密程度的感知。其中亲密程度是基于李克特1—7级评分尺度测量，1代表"一点也不亲密"，7代表"非常亲密"。总体得分越高，代表个体感知到与对方的关系越亲密。

四、研究结果

描述性分析结果为筛选出人情组得分高、低两组的个体，本研究将在人情维度上的得分从低到高进行排序，截取高分段前27%被试为高人情组，低分段前27%被试为低人情组。高低人情组在不同主题和对象下的信任水平描述统计结果见下表（表3）。

表3 描述性统计结果（$n=370$）

	亲人信任（M, SD）		熟人信任（M, SD）		生人信任（M, SD）	
	低人情组	高人情组	低人情组	高人情组	低人情组	高人情组
分享隐私	3.95(0.94)	4.14(1.19)	2.15(1.04)	2.43(1.44)	0.69(0.98)	0.76(0.95)
接受安慰	4.66(0.66)	4.25(1.11)	2.47(1.34)	3.09(1.34)	0.85(0.89)	1.14(0.99)
照看物品	4.63(0.78)	4.60(0.70)	2.43(2.28)	3.39(1.23)	0.32(0.85)	1.29(1.25)
借钱	4.71(0.54)	4.68(0.79)	2.35(1.24)	3.33(1.35)	0.60(0.67)	0.99(1.39)

方差分析结果 首先，我们对人口统计学等变量进行了分析，结果发现，男、女性别在信任、人情等量表上的得分差异并不显著（$ps>0.05$），同时，学历水平在不同情景与主题下的信任差异也不显著（$ps>0.05$）。因此，后续

的数据分析中，个体的人口统计学变量没有纳入分析范围，仅以一般信任作为控制变量进行分析。为考察人情、关系类型与主题对人际信任的影响，我们以信任水平为因变量，关系类型、主题及人情作为自变量，以一般信任为控制变量，执行了3（关系类型：亲人、熟人和陌生人）*4（主题：分享隐私、接受安慰、照看物品、借钱）*2（人情：高、低）的重复测量协方差分析。结果显示，人情、关系类型与主题对人际信任的主效应和交互效应均显著（见表4）。

表4 人情、主题和关系类型对信任的交互作用

变异来源	F	$df1, df2$	p	$\eta2$
人情	13.64	1,192	0.000	0.066
主题	9.75	3,576	0.000	0.168
关系类型	224.3	2,384	0.000	0.492
人情*主题	5.03	3,576	0.002	0.026
人情*关系类型	7.83	2,384	0.000	0.064
主题*关系类型	7.25	6,1152	0.000	0.036
人情*主题*关系类型	6.26	6,1152	0.002	0.032

本研究结果表明，数据分析中纳入的主题情景、关系类型及人情在信任上均有显著的主效应。针对主题情景的进一步的事后检验表明，被试在"借钱"（$M=2.78$，$SD=0.06$）、"照看物品"（$M=2.85$，$SD=0.07$）和"接受安慰"（$M=2.74$，$SD=0.07$）等主题情景上的信任程度没有显著的差异（$ps>0.05$）。但是在上述三个主题中的"分享隐私"上具有显著差异（$M=2.36$，$SD=0.07$）（$ps<0.01$）。具体到到关系类型的简单效应，特定的信任对象在信任水平上具有显著的差异：其中当信任的对象为亲人时，他们的信任水平最高（$M=4.45$，$SD=0.05$），其次是对熟人的信任（$M=2.71$，$SD=0.08$），信任水平最低的是陌生人（$M=0.89$，$SD=0.06$）。不同人物对象间的信任程度差异显著（$ps<0.01$）。我们采用同样的方法对人情的简单效应进行了事

后检验，结果发现，高人情组的信任水平（$M=2.84$，$SD=0.06$）显著高于低人情组的信任水平（$M=2.52$，$SD=0.06$），$p<0.01$。

其次，我们分析了各变量之间的交互效应。一方面，人情及主题情景对信任影响的交互效应显著。为进一步探索其影响范式，进行了简单效应分析，结果表明，在"照看物品"（$F=21.07$，$p<0.01$）和"借钱"（$F=23.03$，$p<0.01$）的情景下，高人情组表现出更多的信任行为；而在"接受安慰"和"分享私密"两个信任主题下，高人情组和低人情组在信任上的差异并不显著（见图1）。另一方面，人情与关系类型的交互效应显著。简单效应分析表明，在交往对象为亲人和陌生人时，高人情组个体与低人情组个体之间没有显著的差异，但是在面对熟人组，高人情组则表现了更高的人际信任水平（$F=5.49$，$p<0.01$），见图1、图2。

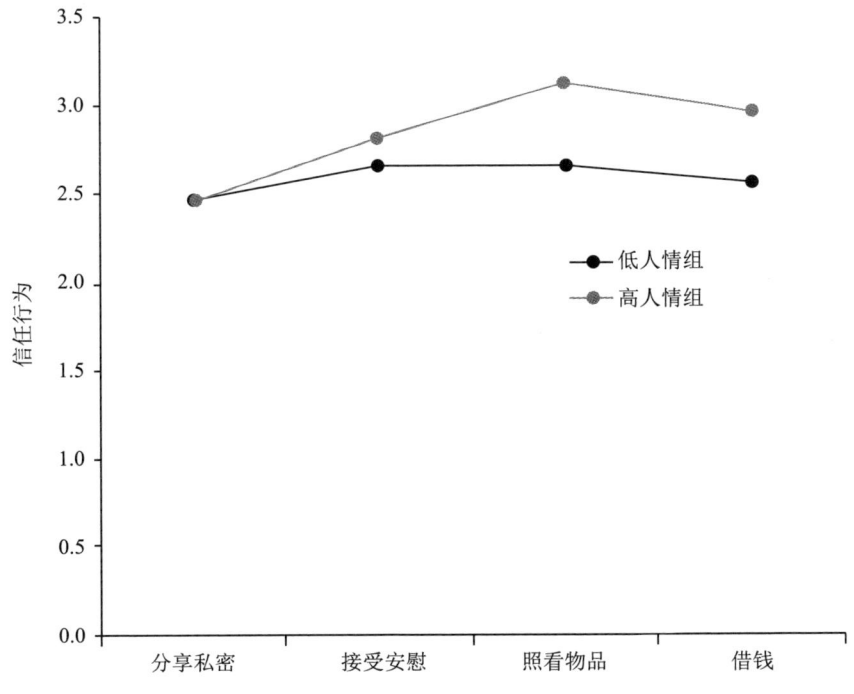

图1　人情与情景对信任的交互作用

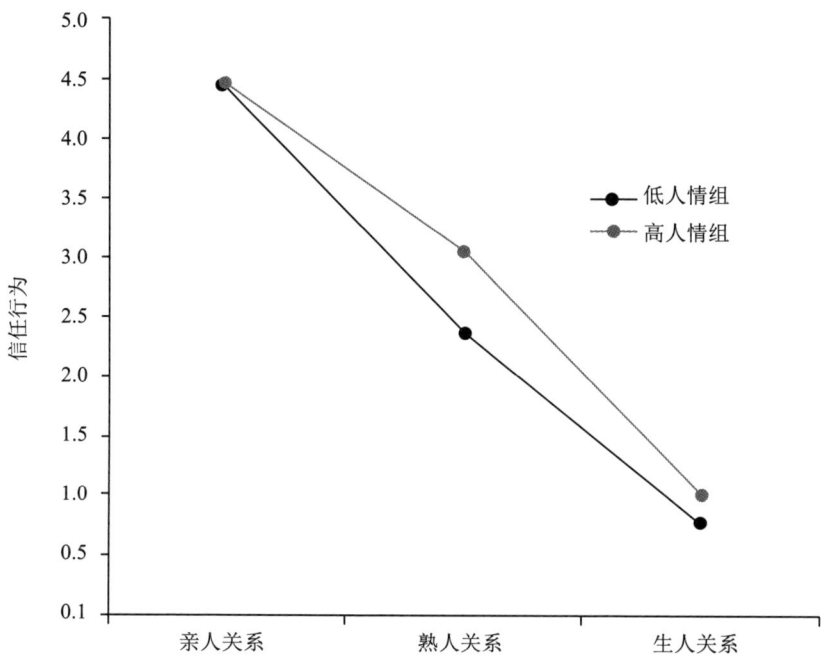

图 2　人情与关系类型对信任的交互作用

在本研究中，我们还发现人情、主题情景及关系类型对信任的影响存在着显著的三重交互效应。通过对其简单效应进行进一步分析，结果发现，高人情组在面临的对象是亲人时，他们在本研究中的四个主题上均表现出较高的信任水平，但是在四个主题上并没有显著差异（$ps > 0.05$）。但是当他们面对的对象是熟人时，高人情组的个体信任水平显著高于低人情组的信任水平（$ps < 0.01$）。而当他们的交往对象是陌生人时，高人情组的个体仅在"照看物品"的主题情景下表现出更高的信任水平（$ps < 0.05$），具体模式见图 3。

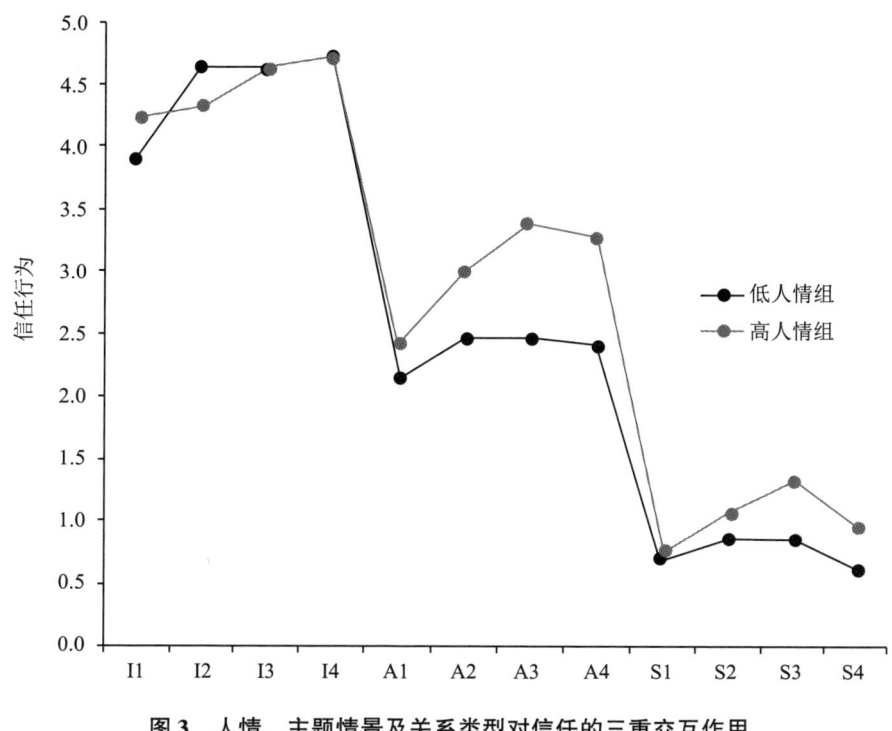

图 3　人情、主题情景及关系类型对信任的三重交互作用

五、研究小结与讨论

本研究从本土文化视角与信任建立的关系角度对信任进行了探讨。本研究结果支持社会情景理论，即信任的行为受到信任关系的类型、信任主题情景等因素的影响。本研究结果发现，在中国文化背景下，人情是影响信任建立的重要因素，但是也会受到所处主题的情景、与对方的关系等的影响。首先，从交流主题来看，人们在"分享隐私"的主题情景下所表现出的信任程度显著低于其他的主题情景。我们认为原因可能在于受当今网络媒体的影响，当前社会人们每天都暴露着自己的信息，如电话号码、家庭住址、房屋是否需要出租等问题，给人们带来的麻烦和副作用不可估量。因此，当人们面临这些问题时，常常会表现出较高的防备心理，除非个体在对他人有高度信任时才会做出这类行为。但是，对于照看物品、接受安慰及借钱等主题在人们的日常生活中则比较常见，与此相关的结果也相对比较容易预测，因此个体在这些主题上的表现信任水平相对较高。同时本研究也发现个体与信任方的关系类型对人际信任的建立有显著的预测作用。关系在中国文化下是一个重要的文化元素。梁漱溟提出的中国传统的伦理社会结构可以为此提供部分解释（梁漱溟，2005）。该理论认为，在具有社会结构的伦理社会里，个体的社会地位首先由伦理关系决定。大家在社会交往中需要以"关系导向"去对待他人，注意到亲疏有别。另外，本研究也为人情研究提供了理论支持。首先，注重人情的个体受到资源惩罚规则的约束，通常会表现出更多的亲社会行为，因此也表现出更多的合作和信任行为。在西方已有的研究中，主要关注信任方、被信任方的个体特质，过分强调个体差异。而中国人信任的重要特征之一在于，强调信任方与被信任方的关系特点（Xin & Zhou, 2012）。中国社会以"伦理本位"为特点，同时又比较重视"和谐"，因此注重关系及讲究人情已成为中国人人格的一个重要部分。这一人格特征在人际交往中表现突出，你来我往的互换资源其实就是个体利益最大化的一种合作方式，如借钱、互相透露信息等，最终也会考虑他人的利益及整个和谐关系。

同样，本研究还从另外一个角度说明了一些问题，即个体的信任行为不是受某一个因素的影响。个体的人情，信任的主题情景及与信任对象的关系等共同交织着对人际信任起作用。如个体的需要类型在人情与信任建立之间起着调节的机制。从马斯洛需要层次理论来看，"借钱"和"照看物品"属于个体层面的需求，而"分享隐私"则属于个体安全层面上的需求，与个体能体会到的归属感和感受到的爱有关。基于此，与其他的两类主题不同，在分享隐私的主题下，个体更不容易受到社会规范的影响，或者说个体受社会规范的影响比较小，因此在决策制订时更容易做出偏理性的决策，对风险的评估水平更高，导致信任建立倾向变低。

除此之外，从以上文化梳理分析及相关实证研究可以看出中国传统文化元素在信任思想上的理论是非常丰富的。首先，人际信任是人际社会交往的基础。中国的传统文化非常注重人际交往中的和谐因素，稳定的交往关系也是人际关系的一个扩展领域,是进一步发展密切关系的基础。信任建立在和谐、合作的基础上,这是节约社会资源的一个重要方式。其次,作为先天赋予的血缘关系是人际信任建立的出发点,由血缘关系扩展而来的多元状态的亲密关系导致中国人不仅表现出对族内人群有较高的信任水平,也会根据与族内人相应的关系距离来判断与他人的信任关系。再次,信任也是社会关系和谐的条件,作为社会中的个体,人际信任是维系人与人相处的基本情感链接,影响着人们的日常决策,是社会安定的必要条件。中国文化历史悠久,诚信也是中国传统价值观的重要为人准则之一。从中国传统文化视角出发,我们提出以下提升信任建立的策略。

总之,本研究通过对300多名被试的数据调查,从中国文化背景的因素出发,考察了人情、主题与关系对个体信任建立的影响。从传统文化角度对该问题进行探讨有利于更好地理解信任建立的文化差异和信任的内涵。

(一) 大力弘扬传统文化中的文化因子

信任在中西文化差异上的主要表现在建立信任所依赖的根源不同,西方的诚信依赖于宗教和法律,而中国传统文化下个体的诚信问题则更依赖于人们的道德自觉性。儒家思想中的"人之初,性本善"即是对他人良好预期的一种传统思想表达。对于他人善意的感知是影响人们信任建立的开始,人们在反复的资源交换过程中,通过对他人善意的感知逐步建立信任。因此来说,积极健康的社会心态对于个体来说是非常重要的社会心理资源(李颖,2016)。弘扬传统文化,建立正确的文化与群体认同,增加人们对社会主流中"诚信问题"的良好预期。从社会心理学的角度出发,人们也会"见贤思齐"。

基于以上分析,以下措施可以对信任的提升起到作用。首先,可以通过文化教育、电视作品等来宣扬传统诚信价值观,通过激发人们对文化的认同感来保护自身安全感。在保护中国文化资源的同时,也需要赋予传统文化以时代的积极因素。现代化进程的元素,使诚信价值观受到了一定的影响,然而其仍然还有着深刻的烙印,也一直在指导着中国人的信任行为。诚信是公民群体必不可缺的公共美德,无论是从历史发展的角度,还是从当下现实的角度出发,弘扬传统信德文化,借助传统美德来加强信任的建立,有利于维护安定团结的社会环境。同时,也应该杜绝破窗效应,防止消极社会心态的放大效应。从这个角度来看,应该多加传播正能量,让积极的事件起到正确的引导作用。充分地发挥、发扬"性本善"的文化积极面,增加社会凝聚力,生长出善良的种子。

(二)打破"关系"文化格局、建立健全监督机制

费孝通教授提出中国社会的"差序格局"理论来形容传统社会的人际关系,认为社会关系是私人联系的增加,社会范围也是由私人关系所构成的网络。与西方现代社会的"团体格局"不同,"差序格局"是以每个个体为核心的关系网络。随着经济的发展,虽然传统关系网有所改变,以血缘、地缘为基础的"差序格局"目前仍然主导着中国的人际关系特征。在当今日常生活中,家族和人情关系网影响着整个社会的政治、行政、文化和社会生态(巩建华,曹树明,2007)。同时,这种对"关系"而非对制度的高度认可使得公共问题在关系的作用下丧失公平和公正。关系等带来的公共管理问题不仅使人们质疑制度的合法性,更重要的是可能产生政治信仰危机。

因此,剔除社会中"关系"因素的影响在信任危机治理中起着重要的作用。从人情社会向契约社会转变,通过健全各项制度,加强各种监督机制,一方面可以遏制产生信任危机的因素,另一方面也可以营造良好的社会信任的氛围。因为一旦因"关系"的原因导致了信任被破坏(包括人际信任、群体信任),信任的再次修复将会面临极大的困难,也会浪费极大的社会资源。

第四章 研究二 传统性/现代性价值取向与信任的建立：文化变迁的视角

在全球化经济发展的今天，不同文化符号同时存在。这种现象对个体态度、心理与行为的影响已经成了众多学科的重要研究对象。当前有理论研究结果认为中国的信任水平正在下降（Xin & Zhou, 2012）。然而也有一些研究认为，作为一个以传统文化为特点的国家，诚信一直是中国的传统美德。有实证研究发现，诚信在中国的美德中排名第二，仅次于孝顺（Yin, 2003）。一方面认为中国的信任水平在下降，另外一方面又认为诚信是中国的传统美德，那么中国的信任水平是下降了还是形式发生了改变？不同的文化符号同时存在时又如何影响信任的建立？

以往从文化的视角来探讨信任问题通常是集中于从跨文化角度，如西方文化（整体导向，高风险、高信任）与东方文化（家庭导向，低风险、低信任）的对比。然而，随着文化的变迁，在同一种文化背景下也有不同的文化表现形式，如传统文化和现代文化并存（Change & Wong, 2003）。杨国枢等从1972年就开始从心理测量学的角度对中国的传统文化和现代文化进行探讨，同时在中国的人格与社会心理学领域也已经有了相应的实证研究（Yang, 1995）。与以往的跨文化研究不同，传统和现代文化是同一文化在不同阶段的表现形式。从这个角度来看，中国的传统性被定义为：中国传统社会文化下的一些经典的动机、态度及人格等。中国的现代性是指中国现代社会文化下经典的动机、态度与人格等（Yang, 2003）。

对于文化的测量，也已经有相关的研究的范式和方法。康莹仪等人在文化动态建构理论的基础上提出了多元文化研究的新范式——文化启动（Hong, Morris & Chiu, 2000）。文化动态建构论认为，文化具有动态性，因为能受情境线索的驱动。当不同的文化符号呈现时，一些对应的认知表征会被激活。个体的被试被激活的程度不同，个体的行为也会随之有所差异。该研究范式已在大量的实证研究中使用，具有较高的信度和效度。

有研究认为中国人的一般信任水平较低，但是他们的认同信任水平比较高。张建新等人认为，当个体面对熟人时，如同学、同桌、同事、同乡、校友等，会表现出较高水平的认同信任。而当对象是陌生人时（如推销员），他们则会表现出更高水平的算计信任。这是因为传统文化下，中国以"情景导向"和"关系导向"为主，面对不同的情景或者不同的对象，个体所表现出的信任程度是不同的。如中国个体在人际关系中更多表现出的是认同信任，而西方文化下的个体更多表现出的是算计信任（张建新等，1993）。随着中国文化的变迁，从传统文化向现代文化的过渡，信任的类型是不是也发生了变化呢？有些研究认为，算计信任和认同信任在不同的文化下的权重不同。Han 和 Choi（2011）认为，不同的信任形式在不同的文化意义下有可能是并存的。尽管如此，目前还没有具体的研究来关注在中国传统文化向现代文化转变的过程中，信任的形式发生了如何的改变。

在传统文化下，人们的生活时间及交往对象比较固定，同时以家庭为重心，生活圈子比较窄，也会比较关注别人的想法。因此，人们更多是基于对对方的认同而建立信任。然而，随着全球化的发展，人们每天都需要面临更多不同国籍、不同民族、不同语言的陌生人。从这个角度来说，人们在建立信任的同时将会承担较高的风险。人们在做出信任行为时，会反复在付出和回报之间进行权衡和评价，以防上当受骗。因此我们认为，随着传统文化向现代文化的变迁，人们的信任形式也发生了相应的改变。在传统文化下，人们可能会有较高的认同信任，而在现代文化下，人们可能会有较高的算计信任。基于以上分析我们提出：

假设3：中国文化变迁中，信任的类型发生了变化。具体来说，传统文化下的个体比现代文化下的个体表现出更高的认同信任，而现代文化下的个体会比传统文化下的个体表现出更多的算计信任。

一、子研究一 传统性/现代性与两种信任类型的关系

（一）研究目的

本研究目的在于通过问卷调查法，初步探讨传统性和现代性文化与不同信任类型之间的关系。

（二）研究被试

本研究采用随机取样的方式，在重庆市、北京市和河南省等地，共发放问卷600份，回收有效问卷566份（其中，269名女性），问卷回收率为94.33%。样本的年龄范围是18~26岁（$SD=2.13$）。对于每个完成调查的被试给20元人民币作为报酬。

（三）研究材料

个体传统性量表和现代性量表。本研究采用杨国枢等人在2003年编制的个体传统性和现代性量表（Yang，2003）。该量表共包括100道题目，分为传统性和现代性两个分量表，每个分量表包括50道题目。传统性量表代表性题目如："作为子女，出门或者返家时，应该向父母禀报一声。"现代性量表代表性题目如："男女未婚而同居，不应该受到人们的轻视。"本量表采用李克特1—6点计分，其中1代表"一点也不同意"，6代表"完全同意"。总分越高，代表个体在传统性/现代性越高。两个分量表在本研究中的α系数分别为0.79和0.83，达到了测量学水平。

算计信任和认同信任量表。本研究采用了认同信任量表和算计信任量表

来测量两种不同的信任（Zhang，1999）。认同信任共包含 5 道题目，代表性题目如："我相信那些与我有长期关系的人"。采用 5 点计分，其中 1 代表"完全不同意"，5 代表"完全同意"。分数越高，代表他们的信任水平越高。认同信任量表在本研究的 α 系数为 0.72。算计信任量表也共包含 5 道题目，代表性题目如"人们信任他们的唯一可能性是他们关注自己的利益"。采用 5 点计分，其中 1 代表"完全不同意"，5 代表"完全同意"。总分数越高，代表他们的认同信任水平越高。该量表在本研究的 α 系数为 0.79。

（四）研究结果

本研究的相关结果见表 5。从表中可以看出，本研究中的样本在现代性维度上的平均得分（$M = 4.14$，$SD = 0.57$）显著高于他们在传统性维度上的得分（$M = 2.78$，$SD = 0.55$）。同时也可以看到该批样本在认同信任上的得分（$M = 3.81$，$SD = 0.71$）及在算计信任上的得分（$M = 3.53$，$SD = 0.61$）都高于中位数水平，说明本批样本的信任水平处于中上等水平。从相关系数可以看出，传统性与认同信任呈正相关（$r = 0.49$，$p < 0.01$），而与算计信任无关（$r = -0.12$，$p = 0.14$）。同时现代性与算计信任呈正相关（$r = 0.42$，$p < 0.01$），而与认同信任无关（$r = -0.05$，$p = 0.31$）。

表 5　描述性统计分析（$n = 566$）

	$M(SD)$	1	2	3	4
1. 传统性	2.78(0.55)	1			
2. 现代性	4.14(0.57)	-0.16	1		
3. 认同信任	3.81(0.71)	0.49**	-0.05	1	
4. 算计信任	3.53(0.61)	-0.12	0.42**	-0.07	1

（五）小结与讨论

本研究通过对 566 名被试进行调查，初步验证了传统性和现代性与认同信任和算计信任的关系。虽然本研究中的样本量比较大，但是仅是问卷调查结果，本结果还不能够说明因果关系。为了进一步探讨二者的关系，在本研究的基础上，我们进一步采用实验研究，通过对传统和现代文化的操纵来进一步验证二者之间的关系。

二、子研究二 传统性/现代性对信任建立的影响（实验法）

（一）研究目的

本研究在子研究一的基础上，拟采用实验室实验的方法，通过对传统文化和现代文化在实验室的操纵，来进一步确立传统性和现代性与认同信任和算计信任之间的因果关系。

（二）研究被试

本研究采取随机抽样的方法，在大学校园里共招募 97 名大学生被试，其中包括 62 名女性，35 名男性。样本平均年龄为 21.7 岁，最小 19 岁，最大 24 岁（$SD=1.98$）。完成实验后我们对他们表示感谢并给予 20 元人民币以表示报酬。

（三）实验设计与程序

我们请被试到实验室来完成全程实验。被试来到独立的实验室后，他们被随机分配到传统文化组和现代文化组。我们告知被试他们的实验任务是需要完成一个纸笔测验的问卷。他们所有的回答都是匿名的，并向他们保证所有的数据仅供研究使用，放心作答。在做完所有的实验活动后，他们需要对人口统计学变量如年龄、性别等信息进行填写。实验全部结束后，我们会向他们解释实验目的并表示答谢。

具体的实验程序如下：传统文化组和现代文化组都需要完成子研究一中所使用的传统文化问卷和现代文化问卷。与子研究一不同的是，本研究中所使用的问卷文字形式。传统文化组需要完成繁体字版本的传统性/现代性量表，而现代文化组则需要完成简体字版本的传统性/现代性量表。同时，两个版本的量表都有水印作为背景，繁体字版本的水印为"龍"，简体字版本的水印为"龙"。以文字作为文化启动的材料在已往的研究已经使用过，可以保证其效果（Zhao et al.，2021）。实验中所用的部分材料见表6。在被试完成传统性/现代性量表之后，他们需要完成认同信任和算计信任量表的测量（同子研究一）。

表6 实验的刺激材料

传统组（龍）	现代组（龙）
作為子女，出門前或返家時，應該向父母稟報一聲。	作为子女，出门前或返家时，应该向父母禀报一声。
為了維護社會安寧，個人言論應該受到更多管制。	为了维护社会安宁，个人言论应该受到更多管制。
寧願拿較少薪水為親友工作，也不願拿較多薪水為外人工作。	宁愿拿较少薪水为亲友工作，也不愿拿较多薪水为外人工作。
人們永遠只是對自己的利益感興趣。	人们永远只是对自己的利益感兴趣。
當被他人信任時，大多數人都會作出友善反應的。	当被他人信任时，大多数人都会作出友善反应的。

（四）研究结果

操纵性检验。为了检验本研究中所使用的文字启动材料的操纵是否成功，我们首先采用独立样本 t 检验进行了操纵检验。检验结果表明，完成繁体字问卷的个体感知到的传统文化水平（$M=3.97$，$SD=0.53$）显著高于完成简体字问卷的个体在传统文化问卷上的得分（$M=2.76$，$SD=0.59$），$t(95)=4.20$，$p<0.01$。相似的，完成简体字问卷组的个体感知到的现代性（$M=4.12$，$SD=0.62$）显著高于完成传统字问卷组的个体在现代化问卷上的得分，$t(95)=5.7$，$p<0.01$。以上检验结果说明，本研究所采用的文字材料的启动效果是有效的。

传统/现代文化与信任的建立。为了进一步来验证不同文化类型在两种信任上的差异，我们进一步做了 t 检验分析。研究结果发现，传统文化组和现代文化组的被试在认同信任和算计信任上的表现有明显的不同。具体来说，当个体对传统文化感知较高时，他们报告的认同信任水平（$M = 3.81$，$SD = 0.67$）显著高于算计信任水平（$M = 2.98$，$SD = 0.74$），$t(95) = 4.22$，$p < 0.01$。与此相反，当个体对现代文化感知水平较高时，他们报告的算计信任水平（$M = 3.69$，$SD = 0.62$）显著高于认同信任水平（$M = 2.68$，$SD = 0.59$），$t(95) = 5.44$，$p < 0.01$。具体结果见表7。

表7 传统与现代材料下的认同信任和算计信任

量表	认同信任		算计信任		t	p
	M	SD	M	SD		
传统组	3.81	0.67	2.98	0.74	4.22	<0.01
现代组	2.68	0.59	3.69	0.62	5.44	<0.01

（五）小结与讨论

本研究在子研究一的基础上，采用文字作为启动材料，再次验证了我们的假设，即在不同的文化情景下，个体的信任类型有变化。即传统文化下的个体有更高水平的认同信任，现代文化下的个体有更高水平的算计信任。本研究采用了文字启动材料，但是仍然是用问卷来完成了实验。为了进一步地巩固和验证本实验结果，我们拟在子研究三中，通过图片启动来操纵自变量，同时采用情景实验方法来测量个体的信任水平，再次来确定二者的因果关系。

三、子研究三 传统性/现代性对信任建立的影响（情景实验）

（一）实验材料的筛选

本研究拟采用自编的本土化实验材料作为实验材料，为保证材料的信度和效度，我们通过预实验来完成。本预实验总共分为两个部分：文化符号的选择和启动图片的选择。首先，我们通过公开招募的方式共招募到 30 名研究生。我们请他们写出至少 10 种最能代表中国传统文化与现代文化的文化符号。随后，我们请 3 名人员对收集到的问卷进行编码。3 名研究人员对所书写的文化符号按照频次的多少进行排序，结果分别选出 20 个代表传统性和现代性的文化符号。考虑到材料的简洁性和有效性，我们选择了前 10 名的文化符号来代表中国的传统和现代文化启动的实验材料。传统文化组如笔、墨、纸、砚、茶，现代文化组的符号如电脑、汽车等。为了使上述文化符号得到更直观的呈现，针对上述编码获取的文化符号，我们寻找相应的图片。在两种文化下每种图片共选择 10 幅。随后，我们另外请了 24 名学生对 10 幅代表传统文化的图片和 10 幅代表现代文化的图片进行评价。请他们在对图片的传统性和现代性代表意义上进行评分。采用李克特 1—7 点计分，其中 1 代表"完全缺乏传统性/现代性"，7 代表"完全能代表传统性/现代性"。随后我们根据被试对图片的打分的高低进行排序，最终我们选择了 6 幅代表传统性的图片（$M=6.63, SD=1.26$）及 6 幅代表现代性的图片（$M=6.57, SD=1.43$）。配对样本 t 检验结果显示，传统性图片和现代性图片之间在传统性和现代性的评分上具有显著的差异，$t(22)=39.07, p<0.001$。以上数据说明图片所代表的文化符号是有效的。部分实验材料见图 4。

图 4　预实验中所开发的实验材料

（二）研究目的

本研究在子研究一和子研究二的基础上，进一步采用图片启动的方式来确认传统与现代两种文化形式对认同信任和算计信任两种信任形式的影响及差异。

（三）研究被试

本研究采取随机取样的方式在大学校园共招募到 108 名被试（其中女性 59 名）。被试的平均年龄为 22.76 岁，最小的 17 岁，最大的 24 岁（$SD = 4.03$）。被试按要求完成实验任务，所有的实验结束后，我们给被试 20 元人民币作为实验报酬。在完成所有的实验任务以后，我们会向被试解释实验目的，并表示感谢。

（四）研究设计与程序

本研究采用 2（传统文化 VS 现代文化）*2（认同信任 VS 算计信任）的被试间设计。被试到实验室后会被随机分配到以上四组情形中，即传统文化、认同信任组；传统文化、算计信任组；现代文化、认同信任组和现代文化、算计信任组。被试在实验室需要完成两部分任务。首先是文化启动，整个启动时间大约持续 10 分钟。在启动程序完成后，要求被试完成两种信任下的情景实验。同时我们采用一个问题来进行操纵性检验："此刻，在多大程度上你认可中国的传统/现代文化？"最后，被试要完成人口统计学变量如年龄、性别及所在年级的填写。

1. 自变量的操纵

（1）文化启动

文化启动过程大约需要持续 10 分钟。我们通过电脑来呈现所有的指导语，具体的指导语为："假如现在有人对中国的传统/现代文化一无所知。现在需要你向他们介绍中国的传统/现代文化，以让他们最快速地了解这种文化。你应该从哪些方面来介绍和陈述？请至少写出 10 句话来描述中国的传统/现代文化。在你开始之前，我们可以给你呈现一些图片供你参考，也许这些照片可以给你提供一些想法。随后，电脑屏幕上将会呈现预研究中所得到的图片。被试在看完图片之后，要在白纸上写出他们认为能代表中国传统/现代文化的 10 个句子。

（2）信任情景

我们采用情景实验的研究范式来诱发两种不同的信任类型。根据以往研究对信任的定义可知，信任建立过程中的一个核心因素为风险。因此，在设置信任情景时我们对这一核心概念进行了操纵。我们把基于熟人关系的信任看作认同信任，而把基于陌生关系人的信任称为算计信任。情景操纵内容如下："假设你需要购买一种对你来说非常重要的商品，但是该商品非常昂贵。同时，从各媒体上你也得知，这种商品现在市场上有很多的假货。因此，你若购买此商品，你有可能面临很大的风险及会有金钱的损失。接下来，认同信任组听到的指示为：

"你的室友向你推荐一位他正在销售此商品的朋友。由于他们有自己的进货渠道，因此价格会有相应的优惠。你的室友认为他的朋友比较可靠。如果你选择这一渠道购买，鉴于朋友关系你可以享受到 9 折优惠。"

算计信任组听到的指示为：

"你可以直接去零售店购买此商品。但是零售店一般在价格上都是固定定价，优惠力度比较小。不过正好今天零售店正赶上 5 周年店庆，商店正在搞活动。如果你今天购买此商品，你可以享受到 9.5 折的优惠。"

为了保证被试对情景理解的正确程度，我们请被试回答："在上述的情景中，你如果购买此商品，你将会获得多少折扣？"如果被试回答错误这一问题，我们则选择把该被试的数据删除。

2. 因变量的测量

在本研究中，我们用信任态度和信任行为倾向来代表个体的信任水平。采用一道题目来测量个体的信任态度，如："在阅读完上述情景之后，你在多大程度上认可他们购买商品渠道的可信任程度?"采用李克特9点计分,其中1代表"一点也不相信",9代表非"非常相信"。同时我们把被试对情景中商品的购买意向作为信任的行为意向,请被试回答:"你在多大程度上愿意购买该商品?"采用李克特5点计分,其中1代表"完全不可能",5代表"非常可能"。总体分数越高,代表个体对情景设计中的信任倾向越高。

(五) 研究结果

操纵检验。为了检验本研究所使用的启动材料是否有效,我们采用了 t 检验。结果表明,无论是传统组,$t(106) = 3.43$,$p < 0.01$;还是现代文化组 $t(106) = 2.79$,$p < 0.01$ 的启动都是成功的。这说明传统文化组的个体感知到了更多的传统文化,而现代文化组的个体感知到了更多的现代文化。

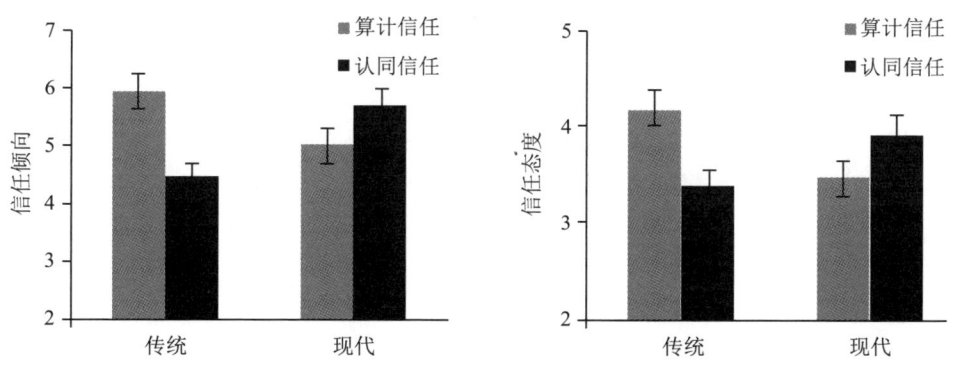

图5 不同文化启动情景下个体的信任水平

其次,我们以信任倾向为因变量,以传统文化/现代文化和信任情景为自变量,做了一个2(文化启动:传统 VS 现代)*2(信任情景:算计信任 VS 认同信任)的被试间因素方差分析,来考察不同的文化情景和两种信任类型对人们的信任倾向的影响。研究结果发现,文化种类与信任情景在信任倾向上具有一个显著的交互作用,$F(1, 104) = 4.23$,$p < 0.05$,$\eta^2 = 0.14$,$1 - \beta = 0.92$。为进一步分析其中的影响模型,我们做了简单效应分析。简单效应分析结果显示,在传统文化启动组,被试基于熟人情景下对商品的信任倾向($M =$

4.15，$SD = 1.21$）显著高于基于零售店情景对商品的信任倾向（$M = 3.37$，$SD = 1.13$），$t(54) = 2.48$，$p < 0.01$，$d = 0.32$，$1 - \beta = 0.95$。而在现代文化组二者的结果相反，他们基于商品零售店情景对商品的信任倾向（$M = 3.91$，$SD = 0.71$）要高于熟人推荐的商品的信任倾向（$M = 3.45$，$SD = 1.05$），但是这种差异不显著，没有达到统计学水平，$t(50) = 0.81$，$p = 0.45$，见图 5 左。

同样，我们以个体的购买倾向为因变量，以传统/现代文化和信任情景为自变量，再次做了一个 2（文化启动：传统 VS 现代）*2（信任情景：算计信任 VS 认同信任）的被试间因素分析，来验证不同文化对两种信任类型的影响。研究结果发现，文化情景与购买意向之间有显著的交互效应 $F(1,104) = 3.70$，$p < 0.05$，$\eta^2 = 0.07$，$1 - \beta = 0.90$。进一步的简单效应分析发现，对于传统组的个体来说相对于去零售店购买该商品的购买意向（$M = 4.48$，$SD = 1.40$）显著低于他们基于熟人推荐的地方去购买意向（$M = 5.95$，$SD = 1.66$），$t(54) = 2.98$，$p < 0.01$，$d = 0.43$，$1 - \beta = 0.97$。对于现代文化组来说，同样存在一个相反的形式，即他们去零售店购买该商品的意向（$M = 5.71$，$SD = 0.71$）高于他们基于熟人推荐为购买渠道的购买意向（$M = 5.05$，$SD = 1.05$）。但是对于现代文化组的个体来说，在两种情景下个体的购买意向没有显著的差异，$t(50) = 1.92$，$p = 0.06$，见图 5 右。

（六）小结与讨论

本研究通过一个问卷调查（子研究一）和两个实验室研究（子研究二和子研究三），从中国文化背景出发，探讨了两种不同文化符号同时存在的个体在不同信任类型上的表现形式。具体来说，子研究一通过问卷调查，初步发现现代文化与算计信任有显著的正相关，而传统文化与认同信任有显著的正相关。子研究二采用文字材料的启动方式，发现当人们阅读传统文字材料时，他们表现出较高的认同信任；当使用现代文化材料做问卷时，他们表现较高的算计信任。子研究三使用本研究首次开发的图片启动材料，同时在实验室采用信任情景。结果发现，当个体知觉到传统文化时，他们更愿意通过熟人的推荐去购买某一商品；当个体知觉到现代文化时，他们则更愿意直接去零售店购买商品。三个实验从不同的角度验证了这一问题。

1. 研究启示

本研究采用不同的研究方法，从不同的侧面验证了文初的假设，即在不同的文化情景下个体所采用的信任策略是不同的。由于中国是"情景"导向而非"个体"导向的社会，情感信任和算计信任作为两种特殊信任形式也会随着不同的社会情景而发生改变。随着中国经济的发展，二元结构逐渐向一元结构转化，人们的居住地开始频繁地流动。全球化使得陌生人之间需要建立信任关系的现象变得更常见。这种变化促使人们的交往策略发生改变，以得到更好的适应。在传统文化背景下，由于居住地是长期稳定的，交往对象也是固定的，因此人们的信任关系更多建立在对他人了解和认同的基础上。在现代文化背景下，人们在建立人际关系时更依赖于自己对风险的认知和判断，以及对自己利益得失的算计。本研究结果表明，在文化变迁过程中，传统文化与现代文化是互相交织并存的，并不是割裂的。换句话说，即使人们受到现代化的影响，但是传统仍然保持重要的比重。在本研究的量表评估上可以看出，人们在传统文化上的得分是高于人们在现代文化量表上的得分。与之相同，虽然人们的信任类型发生了改变，算计信任在升高，但是人们仍然具有很高的认同信任。这其中的原因之一在于，中国人的人情、面子、关系等成为人格的一部分。换句话说，人们在当前存在着双重自我（杨国枢，1998）。本研究的结果也验证了这一点，在现代文化情景下，人们虽然算计信任高于认同信任，但是差异还不显著。

本研究结果可以为当前看到的信任下降的现象提供理论解释证据。如为什么现在很多研究认为中国人的信任水平下降了？本研究认为这可能是由于研究中所采用的信任测量工具不同造成的。中国的人际信任本来就是有指向性的，因此用一般信任量表进行测量，那么这个得分就会比较低。另外，针对目前信任下降现象，我们认为是人们的认同信任与以前相比下降了，因为人们不再依据于朴素的人际关系来判断是否要与他人建立信任，而是需要保障自己的利益没有风险，如亲人之间借钱也需要打欠条（这种信任在其他研究中被认为是信任下降）。随着人们知识的增加，人们对自己的风险认知有了重新的判断。他们的算计信任也随之增强。如有研究发现，学经济学的大学生在学完4年经济学之后他们的信任水平下降了。本研究的结果说明，随着社会经济的变迁，对人际关系的研究需要从文化的新视角出发，依据本土的文化特点，用适合自己文化土壤的工具来关注个体变量的本土特点。当然本研究也存在着一些不足之处。如本研究中所使用的实验室实验，研究对象采用的是大学生被试。那么这种研究结果能否推广到外部群体还有待于进一步的研究。

尽管从数据上来看，传统性在不断衰弱，现代性不断增强，但是二者并不对立，而是一种并存状态（高旭繁，杨国枢，2011）。现代性和传统性的内在含义在不同的时代也会在不断变化。在这种变迁过程中，是不是直接由传统文化就变成了现代文化呢？费孝通曾用"你来我去，我来你去，我中有你，你中有我，而又各具个性的多元统一体"来形容变迁中多元一体的格局（王泓，2019）。人们对于中国传统文化中的孝顺、报、面子文化等核心文化要素的认同正在发生着改变。但是这种改变不是全盘的。如相关研究发现，虽然受到全球化和西方价值观的强烈输入的影响，但是香港人的价值观形态并没有被"全盘西化"（Fu & Chiu, 2007）。他们在接受西方价值观的同时，也依然尊承传统文化中的爱国、勇敢、正直、孝顺和自我牺牲等。另外，郝福斯塔德和邦德的研究也同样发现，中国香港被试在"儒家工作动力"因子上的得分显著高于美国被试，仅略低于中国大陆的被试（Hofstede & Bond, 1998）。而本项目中的研究二中的子研究二和子研究三的结果同样验证了这一观点。我们的研究结果发现，在传统文化启动组，个体的认同信任显著高于现代文化启动组的认同信任；然而在现代文化启动组中，尽管个体的算计信任高于认同信任，这种结果不显著。这一结果说明，在现代化进程中，个体虽然受到现代化的影响，但是传统文化在个体身上的痕迹很深，处于传统文化和现代文化交织并存的状态。

第四章 研究二 传统性/现代性价值取向与信任的建立：文化变迁的视角

由于人类知识的不确定性而导致的人们对社会的发展不可预测，会使人们失去控制感。人们为了弥补这种控制感的缺失，他们对大自然、金钱、物质等元素的需求也许会更加强烈。因此，未来的经济环境和物质丰富程度会带给人们关于追求幸福、自我表达、生存和安全等不同的体验。从文化变迁的视角重新审视中国人人际关系，为正确理解本土文化下的信任问题提供了新的思路和新的研究方向。

2. 传统与现代文化变迁视角下信任提升对策

（1）需要正确区分信任类型的变化

经济的高速发展，文化的巨大变迁对个体的心理和行为造成了巨大的影响。由于人们的心理和行为是在长期的社会文化环境中形成的，个体的人格、情绪心理健康也会随之发生变化。人际关系也不例外。从客观认知上讲，这属于正常的经济文化变迁现象。除此之外，社会大众应该对信任下降的内涵概念有更清晰的理解，如需要正确认识信任的不同类型在文化变迁下的变化。现在也有很多研究从文化变迁的视角对信任进行探讨，但是主要关注的是一般信任（general trust）。由于一般信任本身就是西方文化下的概念，因此研究结果普遍认为东方文化下的个体与西方文化下个体的信任水平相比一直普遍偏低。具体到特殊信任形式上，个体的认同信任水平在下降。其中的原因可能在于，随着文化变迁的发生，人们的关系网发生了改变，人们开始对泛泛的关系网不敢认同，人际距离也变得更远，逐渐由熟人社会变为生人社会。在传统文化下，人们之所以敢借钱给亲戚朋友是因为他们不担心会受骗。因为"关系"和"人情"对人际关系行为具有一定约束和制约作用。与此同时，个体的算计信任水平在增加。在与陌生人的交往中，通常会对得与失进行权衡，在能保证自己利益不受损的情况下才愿意建立人际信任。因此，若想增加信任水平，需要给予个体的利益进行一定的保障。以借钱为例，现在通常会与借钱的人签订借款合同，而事实上签合同在某种程度上即是一种约束方式。因此，从某种程度上说，不能绝对的说是人们的信任水平下降，而是认同信任相对下降，算计信任相对提升了。在文化变迁的过程中，信任的成分与不同信任类型的权重也发生了改变。

(2) 加大监督、保障和惩罚机制

通过梳理以往研究及相关文献可知，个体之所以不敢做出信任的决策是因为人们担心由于建立错误的信任关系而给自己带来的损失。因此如果有相关策略可以保障人们受损后的利益，那么则会大大降低人们的风险评估，进而增加个体的信任行为。以往相关研究为此提供了间接证据。已往研究发现，仲裁系统的存在可以提高个体的信任水平。而当这种制度不存时，人们的合作水平及信任行为都有显著的下降（Mulder et al., 2006）。

首先，需要进一步健全相关决策的程序和机制，如加强决策的论证和取证程序，提高民主决策、依法决策和科学决策的水平。同时也需要强调决策的纠错和问责机制，多听群体意见，及时防止和纠错。其次，要建立健全相关约束机制，充分发挥相关方面的监督作用，完善司法监督机制。最后发扬舆论监督的方式，加快舆论监督的治理建设、纠错、反馈机制，提高相关监督的实效性。从这个角度来说，一方面，良好的社会环境是信任产生的重要土壤。另一方面说明，人们的利益受损后，有渠道可以申诉可以为他们的安全感提供保障。同时，还需要提高对失信者的惩罚，对于有不良行为记录的人追究其责任，如当前的"黑名单"制度。同时还要放大守信者的"正能量"，增强守信者的持续性，健全守信激励机制，形成失信受损、守信受益的社会和谐氛围。目前中国文化经济正在转型中，相关的配套制度还不能及时地与经济发展达到同步，因此在这个阶段人们信任的下降是正常现象。随着社会制度的逐步完善，人际信任问题也将会逐步解决。

(3) 进一步规范学校和家庭教育，提升青少年社会信任价值观

社会规范对于个体的心理与行为具有很强的约束作用。树立正确的社会规范，提升社会信任价值观对于当今社会存在的信任问题有重要的提升作用。因此，诚信教育在当今社会非常重要，其中学校和家庭在社会规范的形成及价值观的养成方面起重要作用。如通过各种有效的方式开始诚信教育实践活动，利用相应的媒介传播诚信教育，如借助通过微博、论坛等方式来鼓励和

弘扬信任价值观，提高诚信教育的受欢迎程度，把诚信的理论融入学生心中。牢记"诚实为本，守信在先"。同样家庭教育也是孩子教育的初始阶段，诚信道德教育要从孩子抓起，为孩子营造诚信教育的氛围。党和国家近年来强调建设社会主义核心价值观，提升整体的文明程度。在社会伦理价值观规范下，鼓励各社会单位主动选择利他行为，建立诚实守信的理论，把诚实守信作为人们道德良心呼唤。文化是一个民族的灵魂，充分弘扬我国优秀的传统文化，将有利于重建现代信任社会。

第五章 研究三 居住流动性与信任的建立：文化流动的视角

第二章内容提到，人际关系网在社会治理中有可能起到消极作用。近年来，随着经济的发展，中国的二元社会结构逐步被打破，文化流动成为非常普遍的现象。文化流动包含居住流动、关系流动、阶层流动等问题。居住地频繁地发生变化导致个体的人际关系网也发生了巨大的变化。中国由传统的熟人社会开始向生人社会改变，人们每天要面临与陌生人的交往。当个体面临新的交往情景及新的人际关系对象时，个体的模糊性认知会随之增强，人际交往成本增加，人们也对这种泛泛关系网的认同感降低。在全球化的视角下，探讨人际关系网的改变与信任的建立是一个非常重要的课题。目前，居住流动性研究已得到心理学、社会学、人口学、精神病学、教育学及老年学等多个领域的关注（孙向超，2018）。

居住流动性（residential mobility）是指人们居住地变化的频率（Oishi，2010）。一般来说，居住流动频繁程度的测量角度有两个：个体层面（微观）和社会层面（宏观）。从个体层面来说，它被定义为一个人在某个时间段（或未来期待的某一时间段）居住地变动的次数。从宏观层面来说，它是指某个社区、城市、州或者国家在某个阶段或者未来的某个阶段居民流动的比率。有理论认为居住流动性也是一个重要的心理概念（Stokil et al.，1983）。

由于对居住流动性操纵定义的不同,人们所采用的测量方式也有差异。问卷调查法是当前研究最常使用的研究方法,这种方法的使用主要存在两个层面。首先,从社会层面上,研究者对某一地区范围内的个体发放问卷,同时以"某人在某一时间段的流动人口占总人口的比例"为指标,以获得居住流动性与个体心理行为的关系。其次,从个体层面上,采用问卷调查法,请被试回忆出在 5 岁之后的搬家经历,同时描述搬家时的心理状态,并分析导致搬家的具体原因等(Oishi et al.,2007)。已有研究表明,通过回忆法来测量个体居住流动性的研究可靠性比较强,也被研究者经常用到实验室研究中作为对居住流动性的测量方式。在实验室实验中,通常采用启动的操纵方法。常见形式通常为操纵被试的流动/稳定性心态,请被试想象一下自己在某种情景下的心情,然后写出当时的心情和想法。如请被试去想象自己拥有一份梦寐以求的工作,但是这份工作的最大特点是需要个体频繁变换居住地(实验组)或要在当前居住地稳定居住 10 年(控制组)。被试在想象这种生活方式后,需要对这种生活状态进行简单的评价,写出自己的想法和观点。另外一种常用形式是通过造句任务来完成实验。如给被试提供一些卡片和词语,请被试从中挑选出一部分进行造句。在实验组中的词汇包括"移动""搬迁"等,而在控制组中则不涉及任何流动性的词汇。总体来说,问卷调查法和情景实验法是目前测量个体居住流动所使用的主要方法。

心理学研究者主要关注居住流动性对个体短期和长期心理与行为的影响。以下为具体分析。

首先,居住流动性会影响个体即时的心理反应,如兴奋,焦虑,期望及孤独感。研究发现,当让个体描述他们流动的生活方式时,与稳定的生活方式比起来他们会用到更多与焦虑有关的词语(Oishi et al.,2007)。也有研究发现,流动性高的个体更容易追求"熟悉度"效应,原因之一即在于熟悉的东西可以降低他们的焦虑水平(Oishi et.al.,2012)。居住流动还会对个体带来其他短期的心理影响。当让个体去想象他们的流动生活方式时,他们更关注未来的人际关系(Oishi & Talhelm,2012)。他们认为未来亲密朋友有可能会减少并且愿意扩大他们的社会交往圈。这是因为个体的孤独感使得他们更愿意扩大信息交往网络。除此之外，居住流动性对人际知觉也有重要的影响。有研究探索了流动性生活方式下的个体更喜欢公平的助人者（对陌生人和亲密的人提供相同的帮助）还是喜欢更忠诚的助人者（人们愿意帮助亲密朋友更多）（Oishi et al., 2013）。研究结果发现，稳定性下的个体对上述两种助人者的喜欢程度是相同的，没有显著差异，但是流动性下的个体则更喜欢公平的助人者。这种结果可能是因为居住流动性强的个体可能更需要陌生人的帮助（Lun et al., 2012）。

其次，除了这些短期的心理状态，心理学家也考察了居住流动性给个体带来的长期后果。如儿童居住地频繁的流动可能会影响其成人后的自我概念。研究发现，居住流动频繁个体的自我性水平更高，而稳定性高的个体集体性自我更高（Wang & Leung, 2010）。频繁的流动性对个体的幸福感也有重要影响。一个实验室研究及一个 2 周的追踪研究结果表明，流动性高的个体当知觉到他们的个体自我时，幸福感更高，非流动的个体当知觉到集体自我时幸福感更高。居住稳定性的个体则从事更多的集体事务（Cho et al., 2019），同时他们更容易从事一切亲社会行为（Kang & Kwak, 2003）。也有研究探讨了儿童时期的流动性与成年期抑郁水平的关系。结果发现，即使在控制了社会经济地位、父母婚姻状态及其他变量的情况下，流动次数与成年期抑郁水平之间也有较强的关系（Oishi et al., 2015）。居住流动性高的个体对他们的主观幸福感（生活满意度，积极情感）有显著的消极影响（Jelleyman & Spencer, 2008）。还有研究表明，这种关系仅存在于性格内向及神经质水平高的个体上，而对于外向的个体这种关系则不存在。这可能是因为外向型的个体能建立更好的社会关系网络。同样，他们采用一个 10 年的追踪数据发现，流动性高的个体寿命更短，而外向型的个体则在寿命长短上没有显著差异（Oishi & Schmmack, 2010）。除此之外，当前研究还发现，居住流动性高的地区也有较高水平的犯罪率（Oishi et al., 2012）。

当前有关人际信任影响因素的研究很多，如信任双方所处的社会情境、

· 第五章 研究三 居住流动性与信任的建立：文化流动的视角 ·

个体之间的关系、个体的冒险倾向等。但是有关居住流动性与人际信任之间的直接关系研究还比较少，从一些相关研究中仍然可以对此关系进行推导。随着人们居住地的改变，人们需要被迫改变原来已有的人际关系，从熟人社会走出来，重新创建新的社会、人际网络，适应走向生人社会。人们需要建立更广泛的人际关系网络，每天与更多的陌生人打交道。研究发现，搬家次数多的个体，他们的个体主义倾向会更高，更多关注自己而且对他人的观点难以产生认同（Oishi, 2007）。人们有较差的人际关系，难以建立好的合作关系。虽然也有研究认为，由于人们的居住地频繁发生变化，宽泛的人际关系网会让人们愿意与更多的人交往。然而，交往关系虽宽，但是深度不够，他们对当前居住地的社区认同及投入行为都比较低。在这种情况下，我们可以推断个体对该环境下的交往对象的信任程度都会比较低。国内有关此话题的研究发现，居住流动性的改变会产生更多的不确定感。在不确定性比较强的情景下，人际信任建立的成本和风险也会增大，人们做出信任的意愿也会降低。同样，在缺乏确定感、安全感的情况下，个体整体的一般信任水平和适应能力都会下降。

一般信任是个体固有的信任水平，一种偏特质的概念，一般不会随情景的改变而发生改变。如有的人更容易相信别人，而有人更多地持怀疑态度，信任水平比较低。从这个层面来讲，居住流动性对个体的一般信任水平不会有显著影响。但是，居住流动性对个体的认同信任则可能具有显著的影响。已往研究表明，流动性情景下个体的人际关系更容易形成较浅的社会纽带，并且能降低个体对人际关系的投资（Lun et al., 2012）。在某个固定环境中，如果有新的个体出现，则全体居民都付出更多的努力来建立和维持人际信任。同时，居住流动性可能会破坏信任建立的过程（Choi & Oishi, 2020）。信任本身需要在反复接触中建立，而流动性容易中断这种反复关系。中国文化是一种"情景导向"的文化，因此在不同的情景下人们对不同目标个体的信任水平也是会发生改变的。对于认同信任来说，他们建立信任关系不靠利益关系来判断。这种信任的性质是以关系的亲密性为基础，以儒家思想为支撑的。

在传统社会中，由于居住流动性普遍较低，人们信任的建立是基于较长时间的了解才完成的，因此人们的信任水平都会比较高。而随着社会的发展，居住地变换的频繁性的增加，关系网变得更加淡薄，人们的认同信任将会受到很大的影响。因此，我们提出：

假设 4：居住流动性对人际信任建立倾向具有显著的负向预测作用。

除此之外，居住流动性与人际信任的关系还会受个体差异的影响。有相关研究发现居住流动性对个体的影响仅发生在内向型的被试身上，但是对外向型人格的个体来说，这种作用并不显著。同时，对于神经质水平比较高的个体来说，他们对于搬家所带来的消极事件反应会更强烈，而外倾型得分高的个体则更容易建立社会关系，也能更从容地应对人际问题。也即是个体的人格差异在居住流动性与人际信任之间起调节作用。

与信任建立有密切关系的一个人格特质是认知闭合。在已有模糊性概念的基础上，研究者于 1996 年提出认知闭合这一独特的结构，拟从认知层面探讨影响个体决策行为的因素（Kruglanski & Webster, 1996）。认知闭合的定义为：个体对某个特定的主题想得知一个固定答案的渴望程度，而不是容忍或者坚持某种模糊性。有研究认为，认知闭合需要（NFC）是个体对信息追求和信息加工的内在驱力（Jost et al., 2003）。认知闭合是一个连续体，高水平认知闭合的个体对答案精确性有高需求，低认知闭合的个体对答案精确性是低需求。与认知闭合要求低的个体相比，认知闭合要求高的个体表现出更少的耐心及更少的努力去寻求标准答案。低认知闭合的个体则会对各种不同的信任情景有更大的容忍性和开放性，他们会有更复杂的思维方式，更精细的信息加工方式，并且需要等到提供充分的信息之后才会做出决策。

高认知闭合的个体更喜欢与他们相似或者亲密的在一起。高认知闭合的个体更容易增加对群体内的偏好及对外群体排斥（Kugler et al., 2017）。因此个体的信任行为决策有可能受到个体 NFC 水平的影响。具体来说，高认知闭合的个体更倾向于寻找关系近的个体建立社会网络，因为这样他们能很快对他人做出是否可信的判断。而低认知闭合的个体有可能会对各种信息进行

第五章 研究三 居住流动性与信任的建立：文化流动的视角

加工，直到最后得出一个数据驱使的结果，进而做出进一步的判断。除此之外，与高认知闭合的个体相比，低认知闭合的个体在面对新信息时更灵活，因为他们不需要做出一个确切的判断，他们对新证据的判断可以调整他们的策略。流动性会给个体带来模糊感，这种模糊感又将进一步影响人际信任的建立。然而，这种关系并不是线性的，它还与个体的认知闭合水平的高低有关。

当前有关居住流动性对个体的心理和行为影响结果还存在不一致的现象。虽然大量研究发现居住流动性对人际关系的建立有负向影响，但是也有研究发现个体为了适应新的生活，可能会更加注重未来的人际关系，并且会增加他扩大社会交往圈的意愿和可能性。另外，有关居住流动性对幸福感的研究结果也不一致。有的研究认为居住流动频率高的个体幸福感更低，而其他的一些研究结果则是相反的。后续研究对此不一致结果进行了解释，如有研究认为对常搬迁的个体来说，仅内向成年人的幸福感更低，这可能是因为他们的社交技能比较低，建立新的人际关系比较困难。同时向上流动和向下流动也是调节这种关系的一个重要变量。

除了上述的调节机制外，这种研究结果不一致的原因可能还需要进一步的因果关系和纵向研究验证。目前对居住流动性的研究比较多的领域主要集中在社会学领域，其中大多数研究是通过大规模的问卷调查，而通过实验室研究对自变量的操纵，以探求因果关系的研究比较少。如现在的研究主要关注流动人口的基本状况和空间分布等宏观层面。基于这种原因，对个体微观层面上的心理影响因素的研究需要给予更多的关注，如个体的认知方式、思维方式等在其中的作用。同时也应该采用更多的纵向研究来验证居住流动性与行为之间的因果关系。当前研究发现，流动性较高的地区犯罪率也更高，但是这种结果很难说明是高犯罪率引起了居住流动性还是居住流动性导致了高犯罪率。通过纵向研究，也可以观察比较从儿童期到成年期个体的搬迁经历与后期的社交相关研究之间的关系，得出可靠的因果结果。

如前所述，当前有关居住流动性的范式主要包括问卷调查法和实验室实验法。但是当前的研究范式中，如果研究对象是青少年儿童，则是通过测量其在某个年龄段的搬家次数作为居住流动性，并进一步探讨居住流动性对其心理行为的影响。而如果研究对象是成年人，多数研究也是通过问卷调查法来获得5岁之前的搬家次数，并进一步采用启动法或者实验法的微观研究方法对问卷调查进行了重复性验证。但是，这种研究范式面临的最大问题在于研究者虽然采用不同研究方法，却通常是对相同的问题进行探讨，如常探讨的个体焦虑感、群体认同感等。现在的研究结果表明，未成年时期与成年后期的居住地搬迁对个体的心理行为的影响是一致的。那么这种范式研究面临的问题在于，这些个体的消极心理与行为影响是由于成年前的搬迁而引起的还是成年后搬迁的影响引起的？儿童时期的搬迁对成年后的心理影响是否有一直延续，儿童时期由于搬迁带来的消极影响对成年后的人际关系和人际信任建立的影响是否是长期的？

当前研究发现，居住流动性高的个体，在签合同时更偏向于短期合同，即使短期合同需要个体付出的成本更高。同时他们也喜欢参加承诺性比较低的活动，例如来去自由的聚会、社会活动等。那么这种表现是儿童时期留下的吗？因此，当前研究范式中把5岁之前的流动频次作为测量居住流动的指标，是值得商榷的问题。因为5岁之前个体还没有建立起正常的人际关系。除此之外，这样的研究结果也很难说明因果关系。例如，个体是因为居住流动性比较高，才更偏好承诺低的活动，还是因为个体差异，不喜欢对组织做出承诺才导致了人际关系产生问题，并且进一步影响他们的搬迁行为？

随着中国二元结构逐步被打破，同时受中国户籍制度、社会发展阶段的影响，我国在居住流动性问题的研究上还存在一些特殊的问题。国内居住流动在研究对象上与西方社会的研究存在不同点。尽管从整体上来说，为了满足不同的生活愿望，不同个体都在频繁更换居住地，但是，国内居住流动性的主要对象，即流动人口，如农民工、流动儿童等，这类人口收入比较低，教育水平也相对较低。由于这些原因，他们与城市居民、城市儿童等在人际交往上存在的问题非常值得关注。在新的环境下，建立新的人际关系比较慢。

· 第五章 研究三 居住流动性与信任的建立：文化流动的视角 ·

随着与老朋友关系的中断，人们的心理健康也会有较大的影响。同时，由于户籍政策的原因，在新的居住地由于缺乏户口的相关保障也有可能对个体造成心理问题。当前对居住流动性研究的主要对象也集中在这些流动群体上，并已取得了相关研究成果。居住地的变动不仅存在于农村和城市之间的流动，同时同一城市、同一户籍也存在着居住流动的现象。如在当今的大城市中，由于孩子的择校等问题，家长的居住地通常随着孩子的学校而发生变化，等孩子完成学业后，再搬回居住的原地。因此，中国的居住流动性具有普遍性，也具有特殊性，在相关研究内容上应该更加深入化，相关的研究对象也应该多样化，这些问题需引起相关研究者的关注。流动性会给个体带来模糊感，这种模糊感又将进一步影响人际信任的建立。然而，这种关系并不是线性的，它还与个体的认知闭合水平的高低有关。具体来说，对于认知闭合水平高的个体来说，居住流动性对人际信任的建立具有损耗作用；然而，对于认知闭合水平低的个体来说，这种效应有可能不存在。因此我们提出：

假设5：个体的认知闭合水平在居住流动性与人际信任之间起调节作用。具体来说，对于认知闭合高的个体来说，居住流动性和稳定性对人际信任差异的影响显著，但是对于认知闭合低的个体这种差异不存在。

一、子研究一 居住流动性与信任建立的问卷调查

为了探究居住流动性对人际信任的影响及其机制，我们采用问卷调查法和实验室实验相结合的方法，同时考虑到微观层面及宏观层面相结合，通过四个子研究从不同的角度对二者的关系进行了探讨。

（一）研究被试

本研究于2018年8月采用网络调查的方式共发放和回收问卷382份。由于3名被试没有完成问卷的填写，我们剔除了这3名被试的数据，最终纳入数据分析的是379份问卷。该样本中被试的平均年龄为31.33岁，最小的19岁，最大的56岁。其中137名男性（36%）和242名女性（64%）。被试的

教育水平为：小学以下 12 人（3.17%），84 名中学生（22.16%），42 名中专生（11.08%），104 名高中生（27.44%），137 名大学生（36.15%）。其中 192 名（50.66%）已婚，184 名（48.55%）未婚，3 人（0.8%）离异状态。

（二）研究程序

本研究借用了以往研究中所采用的研究范式来操纵居住流动性（Oishi et al.，2012）。研究步骤共分成两个部分。首先，我们请被试填写他们的出生地，随后请他们填写他们的搬家次数，并要描述他们具体离开居住地的时间及他们离开居住地时候的年龄。搬迁次数的记录截止到被试填问卷的时间。考虑到 5 岁之前孩子还没有建立起稳定的社会关系，因此 5 岁之前的搬家经历不算入本次的数据统计。仅 5 岁之后的搬家次数纳入数据分析。

其次，所有的被试都需要完成一般信任量表。本量表共包括 25 道题目，代表性题目如"大部分推销员都能诚实的介绍他们的产品"。量表采用李克特 5 点计分，其中 1 代表"完全不同意"，5 代表"完全同意"。总分越高，代表个体的信任水平越高。该量表在本研究的内部一致性系数为 0.82。除此之外，我们还测量了一些控制变量，包括收入、婚姻满意度和社会身份等。

（三）研究结果

首先，我们对收集的数据进行了编码。编码结果显示，该样本中搬家次数最少的为 0 次，最多的为 6 次，平均搬家次数为 0.92（$M = 0.92$，$SD = 1.72$）。在整个样本中，大部分人都搬过一次家。具体搬家次数的编码见表 8。

表 8　搬家次数的编码结果

搬家次数	样本人数	样本比例
0	139	36.67
1	147	38.80
2	52	13.72
3	23	6.00
4	12	3.00
5	2	0.50
6	4	1.00
合计	379	100

为了验证假设，即验证搬家次数与人际信任建立的关系，我们分别做了散点图及回归分析。散点图结果表明，个体的搬家次数与一般信任感呈显著负相关，$r = -0.27$，$p < 0.01$。即搬家次数越多的个体他们的一般信任越低。为了进一步验证二者的关系，我们以居住流动性为自变量，一般信任水平为因变量，以性别、年龄、收入、婚姻状况和社会地位为控制变量，做了回归分析。结果表明，在对相关变量进行控制之后，个体的搬家次数对一般的信任水平仍然具有显著的预测作用，$\beta = -0.24$，$t(377) = 2.52$，$p < 0.01$（具体结果见表9）。

表 9　搬家次数对一般信任水平的回归分析

变量	一般信任			
	模型1		模型	
	β	SE	β	SE
常量	3.34**	0.09	3.21**	0.07
控制变量				
性别	-0.02	0.07	-0.04	0.02
年龄	0.11*	0.01	0.08	0.02
收入	-0.04	0.03	-0.01	0.04
婚姻状况	0.09	0.04	-0.02	0.06
社会身份	0.08	0.05	0.06	0.09
自变量				
搬家次数			-0.24**	
R^2	0.07		0.11*	

（四）小结与讨论

本研究采用问卷调查的方式，以非大学生为研究样本，初步验证了居住流动性与人际信任之间的关系。研究结果表明，在控制了人口统计学变量之后，居住流动次数对人们的信任水平仍然有显著的预测作用。然而，由于本研究为相关研究，无法得出因果关系的判断。在此研究基础上，我们将在子研究二中采用实验室实验的方法，进一步探索居住流动性与人际信任建立的因果关系。

二、子研究二　居住流动性对信任建立的影响（实验研究）

（一）研究目的

在子研究一的基础上，本研究拟在实验室操纵个体的居住流动性，进一步探讨居住流动性对人际信任的影响，以期获得居住流动性与人际信任建立的因果关系。

（二）研究被试

2019年11月，我们通过随机抽样的方式，在北京共招募到102名学生（其中67名女性，35名男性）。被试的平均年龄为21.8岁（$SD = 1.54$）。所有的被试按照要求完成相关实验后，会收到20元人民币的被试费作为答谢。最后，我们会给被试解释研究目的。

（三）研究程序

本研究为单因素被试间实验设计。被试来到实验室后，他们将会被随机分配到实验组（流动组）、对照组（稳定组）和控制组（日常生活组）。实验在一个安静的、单独的房间完成，所有的实验材料通过电脑进行呈现。首先，被试要完成流动性、稳定性和日常组的实验室操纵。其次，被试需要完成一个信任投资游戏作为因变量的测量。最后，我们请被试完成一些人口统计学变量，包括年龄、性别、班级等。

1. 自变量的操纵

流动组被试的操纵：请被试阅读一个实验情景。实验情景内容为："假设有一份你心仪已久的工作，你十分渴望得到它。现在你有这样的工作机会，但是这个工作有一个特点，即它需要你**经常出差**"。现在给你10分钟的时间，请想象你处于当前的情景下的心情和想法，并把相应的心情和想法写出来。

稳定组被试的操纵：请被试阅读一个实验情景。实验情景内容为："假设有一份你心仪已久的工作，你十分渴望得到它。现在你有这样的工作机会，但是这个工作有一个特点，即它需要你**常期待在某一地点**"。现在给你10分钟的时间，请你想象你处于当前的情景下的心情和想法，并把相应的心情和想法写出来。

控制组被试的操纵：请被试阅读一个实验情景。实验情景内容为：请你想象你生活的某一天，如一次旅游，一个周末，一次爬山或者在家度过的某一天。现在给你10分钟的时间，请你想象你处于当前的情景下的心情和想法，并把相应的心情和想法写出来。

在被试阅读完这些情景以后，所有的被试都需要回答以下4个问题：（1）请描述情景里的生活方式，写得越多越好；（2）当你想象这种生活方式时，你的感受如何？（3）请写下这种生活方式的优点和缺点；（4）你觉得这样的生活方式对你的人际关系会有什么影响（如朋友，居住环境，安全感等）？被试写得越多越好。整个启动过程大约需要持续15分钟。

2. 因变量的测量

本研究采用以往研究中常用的信任游戏来测量人际信任建立的倾向。我们告诉被试他们需要和另一名对手共同完成一个投资游戏。这个投资游戏有2位被试同时参加，参加的被试被随机分配成玩家1的游戏角色。该游戏的规则如下：

首先,我们给家玩家 1 一定的现金作为投资基金(10 元)。在投资过程中,玩家 1 可以把自己任意数量的钱投资给玩家 2(0—10 元)。玩家 1 投资给玩家 2 的金钱数量在玩家 2 那里将会变成原来的三倍。例如,如果玩家 1 投资给对手 10 元人民币,那么玩家 2 将会收到 30 元人民币。如果玩家 1 投资给对手 5 元人民币,那么对手获得的人民币数量将会是 15 元人民币。随后,对手可以把刚才从玩家 1 那儿获来的人民币对玩家 1 进行回馈。但是玩家 2 回馈的钱不会翻倍。如在上述例子中,若玩家 2 愿意返回 15 元给玩家 1,那么就是双方两人都可以获得 15 元人民币,二者的利益同时达到最大化。其中玩家 1 愿意投资的数量我们作为是信任的指标。为了激励所有的被试认真对待该游戏,我们告知被试在游戏结束时除了可以拿到被试费,他们在游戏中赚到的钱也可以作为报酬带走。实际上,所有的被试都是获得 20 元被试费,但是我们会向被试解释清楚我们的实验目的。最后被试需要完成一个纸笔测验问卷,包括一些人口统计学变量,如年龄和性别。

(四) 研究结果

首先,我们对测验中的人口统计学量是否有差异进行了考察。结果表明,性别在个体的信任水平上无显著差异,$t(101) = 1.29$,$p = 0.34$;同样,个体的出生地对信任也没有显著的差异,$F(2,99) = 0.23$,$p = 0.27$。鉴于此,在随后的数据分析中,我们没有把人口统计学变量的数据纳入分析。

随后为了探讨居住流动性对人际信任建立的影响,我们以流动组、稳定组和控制组三个组别为自变量,以人们在信任投资游戏中的投资数量作为因变量,执行了单因素被试间方差分析。首先,方差的齐性检验结果表明不同的组别间方差是齐性的,$F(2,99) = 1.26$,$p = 0.34$。进一步分析结果表明,三组之间的个体在信任水平上具有显著的主效应,$F(2,99) = 5.24$,$p < 0.01$。为了进一步探讨三个组别在信任水平上的具体差异,我们继续做了简单效应分析。研究结果表明,稳定组个体的信任水平最高,他们愿意分配给对手的平均金额为 4.04 元($SD = 1.13$),显著高于控制组愿意分配给对手的

数量（$M = 3.63$，$SD = 0.79$），$t(67) = 2.46$，$p < 0.01$，$d = 0.43$。同时我们还发现，流动组的被试平均分配给对手的金额为 3.14（$SD = 1.01$）元，显著低于控制组个体分配给对手的金额数额（$M = 3.63$，$SD = 0.79$），$t(65) = 3.44$，$p < 0.01$，$d = 0.54$。也即是说，稳定组个体的信任水平显著高于控制组个体的信任水平，又显著高于流动组个体的信任水平，具体结果见图6。

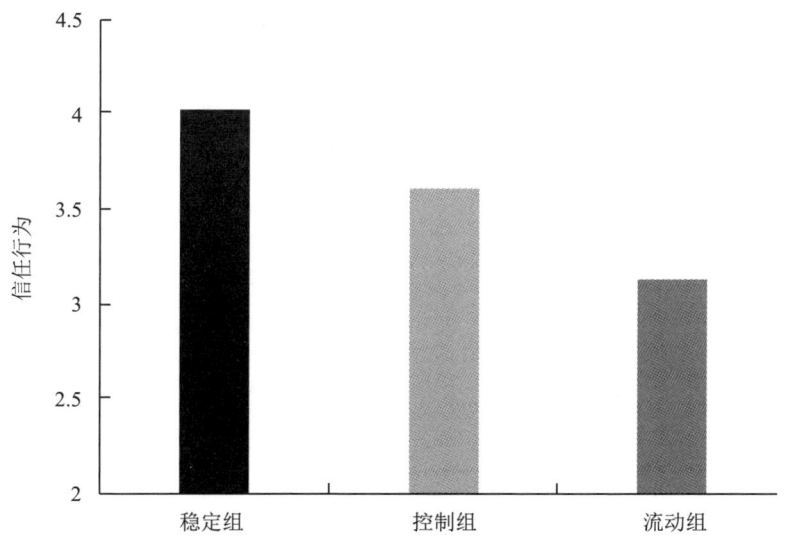

图6　居住流动组与稳定组在信任游戏中的差异

（五）小结与讨论

本研究采用实验室实验的方法，通过对个体的居住流动感及稳定感进行操纵，再次验证了我们的假设，即流动性对个体人际信任具有显著的负性影响。居住流动性能显著降低个体的信任倾向。由于大家想象自己流动性比较大的生活方式时（出差），通常会想象自己的人际关系发生的变化，进而对于人际风险的评估也在增大，导致不愿意做出信任的行为。

三、子研究三 居住流动性与信任建立关系的边界

(一) 研究目的

子研究一和子研究二分别采用问卷调查法和实验室实验法,验证了居住流动性与人际信任之间的相关关系和因果关系。但我们仍然想探索另外一个问题,居住流动性能降低信任的建立,那么这种结果是普遍性的吗?还是存在个体差异?子研究三的目的在于,采用实验室实验的方法,进一步探讨认知闭合在人际信任建立中的调节作用。

(二) 研究被试

本研究中,我们通过随机抽样的方式,在北京市的几所大学共招募了127名被试,其中83名女性,44名男性。被试的平均年龄为21.2岁($SD = 2.13$),最大年龄为24岁,最小的为19岁。所有参与实验的个体都会得到20元以示感谢。

(三) 研究程序

本实验共包括两个部分。首先,高水平的认知闭合和低水平认知闭合的被试进行了筛选和分组,我们对192名被试发放了认知闭合问卷(Roets & Van Hiel, 2011)。根据被试在问卷上的作答情况,按照得分从高至低进行排序。最终把得分在一个标准差之上的个体分到高认知闭合组,把得分在一个标准差之下的个体分到低认知闭合组。依据此标准,本研究最终共选取62名高认知闭合水平及65名低认知闭合水平的个体。也即最终有127名被试成为本研究中的实验被试。

127名被试按照主试约定的时间来到实验室,并被随机分配到流动组和稳定组。接着对自变量(流动组和稳定组)进行操纵,操纵时间约持续10分钟。最后所有的被试都需要参加一个信任游戏,在游戏里做出决策。在投

资游戏里做的决策作为信任的测量指标。最后,被试需要完成一个纸笔测验,包括一些人口统计学变量,如年龄、性别和年级情况。最后我们将会给他们解释实验的目的,并表示感谢。

认知闭合量表。该研究采用15道题目的简版认知闭合量表来测量个体的认知闭合程度,以对不同认知闭合水平的个体进行筛查。该量表采用李克特5点量表计分,其中1代表"完全不同意",5代表"完全同意"。代表性题目如:"我不喜欢模糊的情景""我喜欢清晰有结构的生活"等。在该量表上的得分越高,表明个体的认知闭合水平越高。该量表在本研究中的α一致性系数为0.74。

1. 自变量的操纵

流动组被试的操纵:请被试阅读一个实验情景。实验情景内容为:"假设有一份你心仪已久的工作,你十分渴望得到它。现在你有这样的工作机会,但是这个工作有一个特点,即它需要你**经常出差**"。现在给你10分钟的时间,请你想象你处于当前的情景下的心情和想法,并把相应的心情和想法写出来。

稳定组被试的操纵:请被试阅读一个实验情景。实验情景内容为:"假设有一份你心仪已久的工作,你十分渴望得到它。现在你有这样的工作机会,但是这个工作有一个特点,即它需要你**常期待在某一地点**"。现在给你10分钟的时间,请你想象你处于当前的情景下的心情和想法,并把相应的心情和想法写出来。

在被试阅读完这些情景以后,所有的被试都需要回答以下4个问题:(1)请描述情景里的生活方式,写得越多越好;(2)当你想象这种生活方式时,你的感受如何?(3)请写下这种生活方式的优点和缺点;(4)你觉得这样的生活方式对你的人际关系会有什么影响(如朋友,居住环境,安全感等)?被试写得越多越好。整个启动过程大约需要持续15分钟。

2. 因变量的测量

本研究中信任的测量换用了另外一种测量范式,即采用了以往实验中所用的囚徒困境情景测验(MacDonald et al., 1972)。该游戏的指导语如下:被试你好，接下来，你需要在实验室与对手玩一个合作游戏。这个游戏里有 4 种选择，你需要在 X 和 Y 之间做出一个选择，你的对手需要在 A 和 B 中做一个选择。具体的规则如下：如果你选择了 X，你的对手选择了 A，那么你和你的对手都将会得到 8 元人民币；如果你选择了 X 而你的对手选择了 B，那么你将会损失 10 元，而你的对手将会得到 10 元；如果你选择了 Y 而你的对手选择了 A，那么你将会得到 10 元而你的对手将会损失 10 元；最后，如果你选择了 Y 而你的对手选择了 B，那么你们都将会损失 8 元。请你记住，你是第一个选择的人。在你做出选择之后，你的对手将会知道你的选择。请仔细思考并做出选择。请在下面的两个问题上画圈表示你做出的选择："你在多大程度上愿意选择 X？"和"你在多大程度上愿意选择 Y？"对于这些问题的回答，被试需要在 1—7 点量表上进行评分，其中 1 代表"一点也不愿意"，7 代表"非常愿意"。个体愿意选择 X 的倾向越高，意味着他们对对手的信任程度越高。相反，如果他们对 Y 的选择意向越高则说明他们对对手的信任水平越低。考虑到本游戏的复杂性及保证研究结果的可靠性，实验中让所有的被试对游戏规则有充分的理解非常重要。因此在正式实验前我们让被试对此研究范式做了几次练习，以保证他们对实验过程的正确理解。本测量范式的规则见图 7。

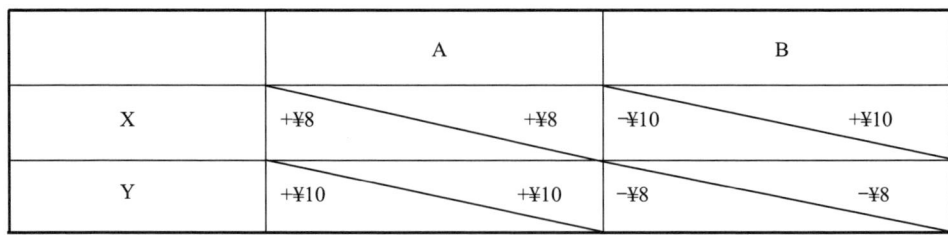

图 7　信任测量范式示例

（四）研究结果

为了保证自变量操纵的有效性，我们首先进行了操纵性检验。操纵性检验结果表明，流动性组的个体感知到了更多的流动性，而稳定性组的被试也感知到了更高水平的稳定性，说明本实验中我们对自变量的操纵是成功的。

随后，我们进一步探讨了流动性、稳定性与认知闭合对人际信任建立的交互效应。我们以组别（流动性，稳定性）及认知闭合（高，低）为自变量，以被试在实验中对 X 选项选择的意愿作为因变量，执行了 2（流动 VS 稳定）*2（高认知闭合 VS 低认知闭合）的组间方差分析。为了确保本数据适合方差分析检验，首先对数据进行了方差齐性检验。结果显示，数据是齐性的，$F(3, 123) = 1.98$，$p = 0.119$，表明数据适合进一步的方差分析。同时，我们还发现，居住流动性的主效应是显著的，$F(1, 123) = 12.29$，$p < 0.05$，即高流动性个体的人际信任建立倾向显著低于稳定组个体的人际信任建立倾向。但是认知闭合的主效应不显著，$F(1, 123) = 6.47$，$p < 0.05$。更重要的是，研究结果发现居住流动性与认知闭合对信任倾向有一个显著的交互效应，$F(1, 123) = 5.32$，$p < 0.05$。为了进一步探讨二因素对人际信任建立的影响模型，我们进行了简单效应分析。简单效应结果表明，对于低认知闭合的个体来说，流动组个体的信任水平（$M = 4.80$, $SD = 0.93$）稍微低于稳定组个体的信任水平（$M = 4.97$, $SD = 0.93$），但是这种差异不显著，$t(60) = -0.76$，$p = 0.45$。然而，对于认知闭合水平较高的个体来说，居住流动性组个体的信任水平（$M = 4.11$, $SD = 0.64$）显著低于稳定组个体的信任水平（$M = 4.93$, $SD = 0.77$），$t(63) = -4.66$，$p < 0.01$，$d = 0.50$。

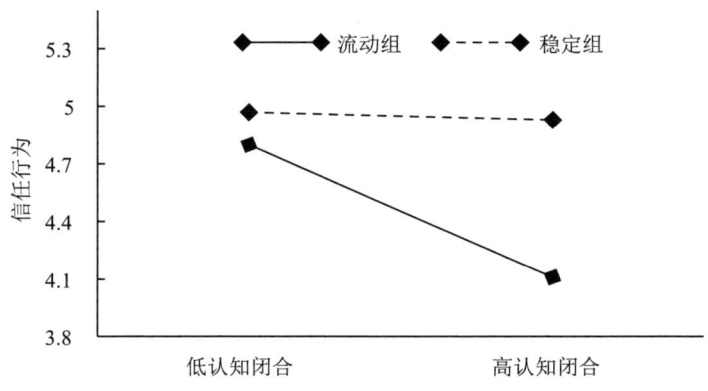

图 8 居住流动性与认知闭合对人际信任建立的交互效应

（五）小结与讨论

本研究采用一个问卷调查和两个实验室实验，验证了居住流动性对个体的信任水平具有显著的负向预测作用。同时，研究还验证了认知闭合在流动性与人际信任之间起调节作用。具体来说，对认知闭合低的个体来说，流动性与稳定性组的个体对人际信任的影响差异不显著。但是对于认知闭合水平高的个体来说，流动性与稳定性组的个体对人际信任存在显著差异。本研究结果具有一定的理论意义和实践意义。

首先，由于中国的二元社会特征，即农村和城市的差别，使得两种生活环境存在较大的差异。随着经济的发展，农民工的进城和迁移，过去40年人们的居住流动性已经非常频繁。风险是构成信任的核心因素，有研究甚至认为只有风险因素的存在才会有信任行为的发生。在信任建立的过程中，人们对不确定性的感知很重要，他们不确定在人际关系中的付出是否可以获得回报。居住地变化往往会给人一种不确定感，在这种情况下，人们可能会怀疑要建立关系的人是不是"正确"的人，是不是可以信赖。对于居住流动性频繁的人来说，他们被迫需要改变已经建立的社会关系，创建新的社会网络，面临与新的环境和陌生人打交道。因此居住流动性对个体的人际信任具有消极的影响。该研究结果与以往的部分研究相一致。如有关研究发现，居住地变动频繁的个体，其个人主义倾向更高，对外群体的认同感比较低进而导致他们有较低的合作行为。居住地频繁变更的个体对周围环境和人的依赖性与信任程度往往较低。居住流动性让个体能体会到更多的不确定性。当个体处在缺乏确定感、安全感的情况时，其对外界的普遍性信任水平和适应能力会明显下降。

尽管本研究取得了一些有意义的成果，但是也还存在着一定的局限性。第一，本研究中使用的投资范式与囚徒困境实验都是单轮的实验。在单轮的实验中，由于不存在长期人际关系，因此他们有可能更看重一轮研究中所获取的利益，因此他们在实验室里会表现出较低的合作行为。对于仅一轮实验的结果来说，其研究结果能否正常推广是常见的问题。由于实际生活中的人际信任是长时间的、反复的资源交换过程。除此之外，以往也有研究表明，仅有一轮的信任实验结果与多轮的信任实验结果之间存在着不同。第二，本研究为横向研究，忽略了时间的变化。前期的有关研究认为，居住流动性对个体的行为有短暂的影响，如兴奋、焦虑、孤独及人际关系。但是居住流动性对个体也会有长期的影响，如幸福感、抑郁甚至是人格形成等。在投资游戏里，我们通常把信任行为看作一个纯粹的理性行为。但是在现实情况中，有太多的线索及情景影响这种关系。另外，虽然居住流动性与人际信任存在负相关关系，但是这种关系并不是一成不变的，还存在着一定的个体差异。如对于认知闭合低的个体的影响比较小，而对于认知闭合要求高的个体影响则会比较大。

四、子研究四　居住流动性与信任建立的大数据调查

（一）研究目的

由于上面的三个研究对居住流动性与人际信任关系的探讨主要是基于实验室研究和小规模的问卷调查，从个体、微观层面出发，其结果的信度和效度还有待于检验。尤其是其生态效度的推广还有待于说明。因此，本研究拟采用 CGSS 的大数据，从宏观层面上验证居住流动性与人际信任建立的问题。

（二）研究被试

本研究数据来源于 2015 年中国人民大学社会学系开展的中国综合社会调查（CGSS）。本数据包括来自全国大陆的 28 个省市（自治区、直辖市），包括北京、上海、天津、广州、深圳 5 个大城市，样本规模为 10968 人（男 46.8%，女 53.2%），年龄为 18~95 岁，平均年龄为 50.40 岁（$SD = 16.89$）。

(三) 研究框架

本研究旨在前人研究的基础上，在中国文化背景下，采用跨层分析的方法来探讨不同省区居民的居住流动性与生活满意度的关系。同时，将会进一步探讨两种信任形式（一般信任和认同信任）在居住流动性和生活满意度之间的中介作用。以往的研究表明，多层次分析在传统方法的基础上具有许多优势。本研究中，我们使用多层次分析中的2-1-1模型来评估跨层次的中介效果（其中"2"表示省级变量，"1"表示个人水平变量（见图9）。

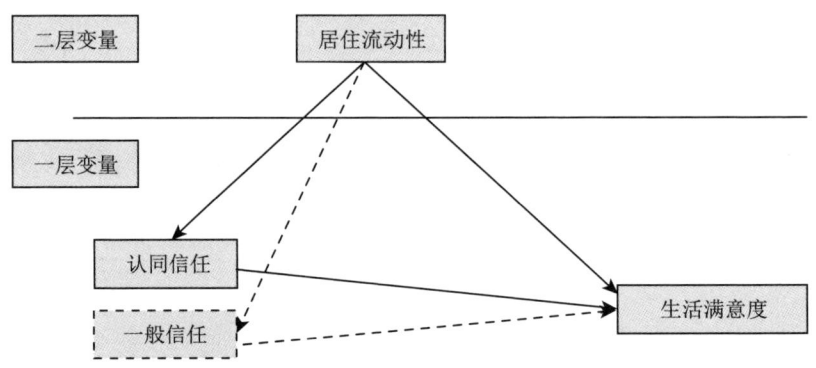

图9　信任类型在居住流动性与生活满意度中的跨层中介作用

1. 居住流动性（二层变量）

本研究中的居住流动性指标来源于2010年全国第六次全国人口普查数据光盘汇总表，以及样本量为1,267,381的样本统计数据。我们采用段成荣等（2013）所采用的"流动人口能见度"作为二层变量。流动人口能见度是指某地区流入人口数占常住人口数的百分比，即该地区的100个常住人口中，有多少是流动人口。同一时间点流动人口能见度越大，说明该地区的流动人口越常见。各省（自治区、直辖市）流动人口能见度见表9。

表9 各省（自治区、直辖市）流动人口能见度（%）

省份	流动人口能见度	省份	流动人口能见度
上海	40.99	陕西	10.37
北京	33.28	四川	10.23
广东	32.51	广西	9.96
浙江	32.46	重庆	9.93
福建	25.15	湖北	9.93
内蒙古	22.00	黑龙江	9.69
宁夏	18.31	云南	9.59
江苏	17.66	山东	9.16
新疆	17.59	西藏	9.12
青海	16.64	湖南	8.37
海南	16.50	安徽	8.36
天津	16.25	江西	8.35
山西	12.98	河北	8.23
辽宁	12.38	河南	7.57
贵州	11.25	甘肃	7.29
吉林	10.43		

注：数据来源于（段成荣等，2013）。

2. 认同信任和一般信任（一层变量）

CGSS 调查中，采用13道题目来测量信任水平。代表性题目如："在不直接涉及金钱利益的一般社会交往/接触中的信任度：（城镇的）远邻/街坊或（乡村的）邻居以外的同村居民"，采用1到5点计分，1代表"大多数不可信"，5代表"大多数是可信"的。这些题目围绕不同的信任对象进行设计，这些对象包括邻居、亲人、同事、朋友、同学及兴趣相同的人（如一起参加宗教活动的人）及陌生人。为了更好地理解这13道题目的结构，我们进行了探索性因素分析。

采用主成分分析法及斜交旋转，结果发现，13道题目共汇聚在两个因素上。这两个因素的方差解释率共为 60.69%。进一步分析发现，信任对象为邻居、邻居以外的同村居民、同村的同姓人士、同村的非同姓人士、亲戚、同事、老同学等 7 道题目附在第一个因子上，因子载荷范围为 0.559~0.794；而信任对象为交情不深的朋友、外地相遇的同乡、一些参加业余活动的人、一起参加宗教活动的人、一起参加公益活动的人及陌生人等 6 道题目附在第二个因子上。因子载荷范围为 0.607~0.715。基于这些题目的特点，我们把这两个因素分别命名为认同信任（信任对象为朋友、邻居）和一般信任（信任对象为陌生人）。探索性因素分析的结果见表10。其中一般信任和认同信任在本研究中的 α 系数分别为 0.88 和 0.86。

表 10 探索性因素分析结果

因子	特征根	方差解释率	代表性题目
认同信任	6.30	48.47%	你在多大程度上信任你的邻居？
一般信任	1.60	12.22%	你在多大程度上相信一起参加健身的人士？
总分		60.69%	

3. 生活满意度（一层变量）

本数据中对生活满意度的测量采用一个项目的问题：你对自己的生活满意吗？采用 1 到 5 点计分，其中 1 表示"强烈不满"，5 表示"强烈满足"。分数越高，表示个体对自己的生活满意度越高。该量表在本研究中的 α 系数为 0.89。

4. 数据分析方法

我们采用已往研究者所采用的跨层中介模型分析方法，来分析自变量（居住流动性和群体信任）、中介变量（认同信任和一般信任）和因变量（生活满意度）之间的关系。在统计软件 Mplus 7.0 中构建了跨层线性模型分析。

（四）研究结果

1. 描述性统计分析

本研究所有变量描述性统计分析结果见表11，从表中我们可以看出，居住流动性和生活满意度呈显著负相关，$r = -0.07, p < 0.01$。居住流动性越高的地方，个体的生活满意度较低。居住流动性与两种信任都呈现显著负相关（认同信任，$r = -0.40, p < 0.01$；一般信任，$r = -0.04, p < 0.05$）。同时还可以发现，认同信任与生活满意度呈正相关，$r = 0.19, p < 0.01$；一般信任与生活满意度呈现正相关，$r = 0.10, p < 0.01$。

表11　变量的描述性统计分析结果（$n = 10968$）

	M（SD）	1	2	3	4	5	6
居住流动性	15.50(10.00)	—					
性别	—	—	—				
年龄	50.40(16.89)	0.007	—	1			
认同信任	3.71(0.67)	-0.399**	-0.040**	-0.002	1		
一般信任	2.88(0.73)	-0.038*	-0.006	0.023	0.239**	1	
生活满意度	3.85(0.93)	-0.066**	0.015	0.002	0.193**	0.101**	1

2. 居住流动性与生活满意度的关系：认同信任的跨层次中介作用

研究以流动性为组间水平变量，认同信任和一般信任及生活满意度为个体水平的变量作跨层次中介作用分析，依次检验回归系数进行多层次中介效应检验。本研究对层1变量按组均值中心化，同时将组均值于层2截距方程式进行中心化。通过这种方法以分离组间和组内中介效应，可以准确估计多层次中介效应的大小（方杰等，2010）。首先，根据M1进行零模型检验，计算不同省市的生活满意度的组内相关系数 $ICC = 0.159 > 0.059$ 的标准，说明各省之间的生活满意度存在差异，有必要进行跨层次分析。

跨层次中介效应检验的具体步骤如下：首先，把性别和年龄作为控制变量，根据M2建立多层次回归方程，检验流动性对生活满意度的总效应（c）。

结果显示，居住流动性对生活满意度具有显著的负性预测作用，$\gamma_{01} = -0.134$，$p < 0.01$。其次，根据 M3 建立多层次回归模型，以检验居住流动性对信任量的效应（a）。结果显示，居住流动性对认同信任具有显著的负向预测作用，$\gamma_{01}a = -0.356$，$p < 0.01$。最后，在模型 4 中，我们探讨了居住流动性对生活满意度的直接效应 c' 及在控制掉中介变量后的间接效应（b）。由表中可以看出，认同信任对生活满意度具有显著的负向预测作用，$\gamma_{10}(b) = -0.178$，$p < 0.01$。在二层上的组间效应对生活满意度也具有显著的负向预测作用，$\gamma_{02} = -0.122$，$p < 0.01$。结果发现，在控制掉信任的影响之后，尽管居住流动性对生活满意度的影响依然是显著的，$\gamma_{01} = -0.114$，$p < 0.05$，但是效应值从 -0.134 到 -0.114。说明认同信任在居住流动性与生活满意度之间起不完全中介作用。采用相同的分析方法，结果显示流动性对一般信任直接预测作用不显著，$\gamma_{01}(a) = -0.028$，$p > 0.05$，因此，我们没有对此结果进行进一步分析。

表12 认同信任的跨层次中介效应检验

模型	参数估计					
	γ_{00}	γ_{01}	γ_{02}	γ_{10}	σ^2	τ_{00}
模型1：零模型 L1：生活满意度$_{ij}$ = β_{0j} + r_{ij} L2：β_{0j} = γ_{00} + μ_{0j}	3.862**				0.543**	0.112**
模型2：流动性—生活满意度 L1：生活满意度$_{ij}$ = β_{0j} + r_{ij} L2：β_{0j} = γ_{00} + $\gamma_{01(c)}$（流动性）+ μ_{0j}	2.946**	-0.134**			0.513	0.039*
模型3：流动性—认同信任 L1：认同信任$_{ij}$ = β_{0j} + r_{ij} L2：β_{0j} = γ_{00} + $\gamma_{01(a)}$（流动性）+ μ_{0j}	1.665**	-0.356**			0.440	0.041*
模型4：流动性，认同信任—生活满意度 L1：满意度$_{ij}$ = β_{0j} + β_{1j}（认同信任）+ r_{ij} L2：β_{0j} = γ_{00} + $\gamma_{01(c')}$（流动性）+ γ_{02}（认同信任）$_{ij}$ + μ_{0j} β_{1j} = $\gamma_{10(b)}$	1.198**	-0.114*	-0.122**	-0.178**	0.590	0.003*

(五) 小结与讨论

1. 理论启示

随着经济的发展，城镇一体化的发展，居民的居住流动性更加频繁。尽管国内对生活满意度的研究比较多，但是系统地探讨居住流动性与生活满意度之间的关系还比较少。本研究采用 2015 年全国综合社调查中 28 个省市的 10968 个样本对居住流动性与生活满意度之间的关系进行了分析，并进一步探讨了两种不同的信任在其中的中介作用。结果显示，不同省份的流动率可以显著预测生活满意度，同时结果也表明，认同信任在居住流动性与生活满意度之间起中介作用，而一般信任在其中的影响则不显著。

与以往针对居住流动性和生活满意度的关系多数采用单层变量的研究不同，本研究采用了跨层分析的方法，同时考虑了省级变量及个体变量，得出了更精确可靠的结论。在线性结构方程模型中，有一个基本假设即方差齐性及残差独立性，但当考虑到二层变量时，往往这两个假设是不成立的，因为同组内的个体比不同组的个体之间更加接近或者相似。在这种情况下，如果不考虑二层变量，无论是从统计方法上还是从实际意义上都略显不足。跨层分析既可以考虑组间的差异，也会考虑组内的差异，使结果更精确（张雷，雷雳，郭伯良，2003）。本研究中所采用数据的 28 个省市的居住生活满意度之间的差异显著，有必要对这种差异进行进一步的分析，$ICC = 0.159 > 0.059$。进一步的分析发现，不同城市的居住流动率是影响个体生活满意度的因素之一。同时，该研究表明，居住流动性大的环境下，会对个体的认同信任产生消极影响，在居住流动性与生活满意度之间起中介作用。本研究通过比较大的样本，弥补了小样本及有关实验研究外部效度的问题。

搬家给你带来了快乐还是悲伤？本研究结果认为，居住流动性频繁对个体的生活满意度是有消极影响的。然而，以往有关此话题的研究发现，居住流动性与生活满意度之间的关系是积极和消极并不确定。有研究认为，人们在搬家后的生活满意度会增加（Guthrie，1998）。也有部分研究发现搬家后个体的生活满意度会下降（Larson, Bell & Young, 2004）。针对为什么会出现这种不一致的结果，原因还不清楚。有部分研究认为，那些性格比较外向、更善于社交的人搬家后的幸福感、生活满意度增加了，人格在二者的关系中起调节作用（Carp & Carp, 1980）。但是大部分研究则认为居住流动性对生活满意度具有消极的影响。本研究结果从"分离假设"的观点出发，得出搬家对个体的生活满意度起消极作用。居住地变化是一种消极的生活压力事件，对个体的心理健康及生活体验都会产生消极影响。尤其是对儿童的创伤更大，因为儿童对新环境的控制力比较弱。频繁搬家还会使儿童的学业表现下降，而且会表现出问题行为。更严重的是，儿童时期居住地的频繁改变还会影响到他们成年后的幸福感。本研究采用大样本数据验证了该观点，即流动人口越多的省区，居民的生活满意度越低。

本研究还发现，居住流动性对认同信任有显著的负向预测作用，即居住流动人口越多的地区，人们的认同信任水平越低，控制人口统计学变量后，该效应仍然显著。这表明无论人们搬家目的有何差异，流动经历都可能降低个体对周围环境与人的信任。信任是人际关系建立的重要前提，而正常、健康的社交往往被认为是影响个体身心健康的重要因素。随着全球化的发展，社会呈现出人们的信任水平显著下降的一种观点。中国社会心态研究报告（2012—2013）曾指出，当前中国人际不信任在扩大，群体间不信任在加深和固化，已低于60分。但信任作为中国传统文化中个体最重要的特质之一，又是非常重要的。针对于此，我们认为信任类型在研究中是不可忽略的。一般信任更像是一种人格特质，它通常不易随环境的改变而发生改变。而认同信任，是围绕不同交往对象产生的信任水平，更多是一种情景导向。因此，信任下降这一社会现象表现也许仅是信任的类型发生了变化。比如，随着经济的发展，制度的完善，居住流动性的加强，人们的算计信任提高了，而认同信任水平却降低了。人们在做出某种行为时开始参考法律依据等，以保证自己的利益不受损。本研究发现，居住流动性与生活满意度之间仅有认同信任起到了中介作用，而一般信任在其中则不起作用。我们认为这可能与我国

第五章 研究三 居住流动性与信任的建立:文化流动的视角

的文化背景有关。中国文化是一种情境文化,在以往传统文化背景下,信任的建立不需要考虑利益的风险,因为大部分人际关系是由于长期交往,和自己的邻里、亲人因为认同而建立信任关系。但是随着居住流动性的增加,人们很难在短时间内建立起认同信任。

本研究我们还对居住流动性对人际信任建立的机制进行了相应的探讨和研究。首先,我们探讨了认知闭合在居住流动性与人际信任建立之间的调节机制。随着人际关系网的扩散,人们开始对其他人的认同开始降低,不敢轻易做出信任行为,但并不是所有的人都是如此。认知闭合是一个偏特质的心理变量,不会随着环境变化,这种个体差异在居住流动性与信任建立之间的作用非常明显。对认知闭合水平低的个体来说,他们对新环境的确定性要求不高,受居住流动性的影响较小;而对于认知闭合水平高的个体来说,他们则对周围环境的明确性有较高的要求,一般对新环境中的风险评估水偏高,因此信任建立的水平也比较低。同时本研究还发现,认同信任在居住流动性与生活满意度之间起中介作用。居住流动性对个体的生活满意度具有显著负向预测作用,即居住流动性越大,人们的生活满意度越低。造成这种结果的原因可能是居住流动性降低个体的认同信任水平,如对社区不认同、对邻居不信任等,进一步影响生活满意度。然而,非常有意思的现象在于居住流动性对个体的一般信任水平并没有影响。

总之,随着我国城市化的不断扩张,居民的居住流动性增加,流动比率的迅速增加,居住流动性对个体的心理和行为都带来了诸多影响。本研究通过对28个省市的居民数据进行分析,丰富了该领域的实证研究,弥补了实验室研究外部效度不足的缺点。同时,本研究对如何提升居民的生活满意度也提供了新的思路,为如何增进高流动地区个体间的信任和合作行为提供一定理论支持。尽管如此,本研究仍然存在以下不足之处。首先,由于本研究选自现存的数据库,因此分析内容还比较受限。如本研究所采用的生活满意度量表,仅有一个题目,在测量学上还存在短板。其次,二层变量的样本量偏少。本研究中二层变量共纳入了28个省市的数据。建议在未来的研究中,不仅可以从省级的角度出发，也可以从不同经济水平的市级数据出发，如在一线城市、二线城市等不同城市里采取分层抽样，扩大二层数据的样本量。最后，建议未来的研究从更加微观的角度来继续探讨居住流动性对个体心理行为的影响，如采用情景回忆法来启动个体的流动经历，以得到更加精确的因果关系结论，增加相关研究结果的内部效度。

近几十年来，人口迁移问题是世界范围内社会科学研究者们关注的热门话题。随着人们居住地发生频繁的变化，不同文化价值观在不同的时代也具有不同的含义。相关研究认为，其他文化的冲击对个体的社会适应有很大的影响，如降低认同感，影响个体的人际关系。有日本学者认为信任的东、西方的文化差异与两个不同的社会结构有关，在流动性低的社会环境中，大家相互熟悉，相互监督，不怕被骗，他们更多依赖于认同信任来获得安全感和确定感（Yamagishi et al.，2005；Wieselquist et al.，1999）。但在高流动性的社会，个体与陌生人打交道更多，因此个体间的人际信任更多的是靠一般信任来维持的。

在传统文化下，一般以夫妻单位、家庭单位、村庄单位等为基本生存单位，人们很重视自己在集体中的作用。随着中国二元结构的变化，人们居住流动性开始增多。在这个过程中，家庭住址、地理位置的重要性开始降低。因此人们也开始变得更多为自己考虑，在决策中更尊重自我选择属性。尤其是居住流动性带来的不稳定人际关系，使人们的集体属性向个体属性转变。其次，当前研究也发现居住流动性会影响他们对自己身份的认知及投入程度。居住地的流动使他们的社区或者团体也经常发生改变，在这种状态下，他们就会相对缺乏投入，甚至脱离某个群体的身份。在居住流动性的众多影响中，最关键的一个因素是人们的社会关系。对于流动性频繁的人们来说，他们对社会交往的态度虽然广泛，却不深入，虽然范围大，付出的努力却不多（Shore et al.，2019）。因为当他们的交往范围广时，他们不必对每个交往对象都有相同的付出。总之，由于居住地带来的变化，更可能促使个体形成一种广泛、多样化、随意的社会关系。这种关系相对具有灵活性，但是常常缺乏真诚与信任。当然，居住流动性对个体信任建立所造成的影响并不是一成不变的，而是存在着较大的个体差异。如个体的认知方式。当个体对模糊性的追求和容忍较低时，这种消极的影响不明显；但是当个体对模糊性的追求和容忍较高时，这种影响会比较明显。因此，如何应对和消解居住流动性给人际关系带来的影响是我们急需关注的问题。

2. 实践启示

（1）增强社区认同感

"社区"一词，在中国往往是以地域为标准进行划分的，通常指城市居住的小区或者村庄的小区。社区认同包括两个方面的内容：情感认同和功能认同。情感认同是指居民对自己社区的看法，对于社区是否具有特殊情感，社区是否能带来家的感觉等。情感认同是居民与社区的情感联结以及在情感层面上对社区的接纳和认可。功能认同则体现为居民对于社区的生活便利程度、管理水平、环境条件以及社区功能是否能满足家庭需求等方面的认同程度（辛自强，凌喜欢，2015）。随着人际关系圈发生的变化，个体的自我属性也在发生改变。传统文化下，个体会关注到他人的利益，并把他人看作是自己的一部分，有较高水平的集体自我。随着全球化的影响及现代化的进行，个体自我逐渐凸显。人们在做决策时更多考虑到自己的利益，为了减少自己的损失而做出不合作的行为。因此在个体居住的小区建立充足的情感联结及完善社区功能，对于提高人际信任会有积极的推动作用。城市认同比身份认同更具包容性，城市认同将迁移人口的社会认同提升至与流入地的居民相平等的层次，引导迁移人口以城市市民身份而非迁移人口身份融入当地，从而更易实现社会心理融入。为此应该弘扬平等、包容的城市精神，以城市发展的整体观看待迁移人口对本地城市发展的贡献，接纳迁移人口，帮助他们实现"本地化"，从而逐渐在心理上融入新市民。随着个体对居住地的认同提高，他们的认同信任水平也会随之增加。

（2）社会和个人努力相结合，增加群体融合

增加个体和群体之间的接触，内化流动群体的文化价值观，增加其对城

市的归属感，有利于进一步提升他们的信任建立倾向。社区需要将流动人口作为社区发展的一个重要部分，比如开设业余辅导课程，提高人口的素质；也可以通过一些喜闻乐见的方式做法律普及，减少流动人口面临的困难；完善社区的公共服务设施，丰富他们的精神生活等。同时也建议新闻媒体发挥其舆论功能，对流动人口的信息要正确客观的传播，增加对这一群体的了解，塑造流动人口的正确形象。除此之外，相应的社会组织也应该充分发挥其引导和监督功能，如建立合法的正式组织以保护流动群体的权益。能让流动人口正确的表达利益诉求。当然从个人层面来讲，人们也应该有正确的观念，减少对自己身份标签的刻板印象，增强社区成员意识。深化社会交往有利于减少居民间的隔阂，认同所住地的生活方式，把外在观念内化为自己的价值观点，实现心理的融合。这样，使自己由外群体向群体融入，将会大大提升群体间的信任水平。

第六章　研究四　刻板印象与信任的建立：文化交际视角

日常生活中通常存在着一种我们认为属于客观存在的主观偏差，即"以貌取人"。面相学认为人类的外表（尤其是面部特征）可以揭示个体的人格、道德及部分社会特点（Stepanova & Strube, 2009）。在各种人际交往中，我们都有可能把脸型作为重要的面部轮廓特征。而对这种特征的评估会对后续的人际交往产生重要影响，甚至会对某些特殊的特征产生刻板印象。刻板印象在社会心理学是指大众对某个社会群体的一种概括而固定的看法。刻板印象在人际关系中的影响，如对个体的态度和行为的影响在各个国家、地区和不同的文化样本里都得到了相应的验证。人们在社会活动和社会交往中，也容易通过刻板印象来判断对方是自己的朋友还是敌人。基于刻板印象的判断通常会让个体做出不理性的决策。

随着神经科学学科的发展及技术的进步，越来越多的研究关注到面孔认知的特征。如有研究表明，美丽的面孔所代表的直接或间接的信息，是可以激活他人大脑的奖赏系统的。娃娃脸效应即是这类研究的代表性成果，人们更容易喜欢娃娃脸型的人，这可能是因为娃娃脸有圆润柔和的面部曲线。人们通常会认为这样脸型的个体更诚实、更热情、更善良。已有大量的社会科学研究关注到面貌在决策制定中所起的作用。研究认为，美貌向他人传递很多生物学等信息。依据信任的定义可知，风险是信任建立中的一个重要因素。

人们对信任建立的过程其实就是对风险评估的过程。那么从认知层面来讲，对面孔的刻板印象如何影响人际信任的建立呢？

面貌特征很多，但是最直观最简单的标准即美与丑，该特征往往也被认为是影响社会生活的核心部分。美貌是一种资源，个体在与别人的交往中，经常会出现美貌"溢价"。相关研究发现，在囚徒困境的范式中，当个体知觉到对方是长相比较美时，倾向表现出更高的合作行为。另外一些间接的证据表明，人们在与有娃娃脸特征的对象交往时，通常容易忽略信任建立中的风险，因为觉得长相好看的人更诚实。在政治领域，长相也会被认为是影响信任的一个因素。基于以上研究，因此我们提出：

假设6：刻板印象对人际信任建立会有影响。具体来说，当人们的交往对象长相比较美时，他们的信任水平会显著增高。

面貌的刻板印象与信任的关系可能受情绪的调节。情绪是指人们对客观事件的一种弥散性的情感。情绪作为心理过程的重要组成部分，与个体的行为方式、认知方式之间的关系是非常密切的。有研究认为个体的情绪可以直接影响个体的决策行为，如信任和合作行为。一般认为，积极情绪能使人们对其他的事件做出积极的判断，有更多的亲社会行为，因此也会增加对他人的信任。相反，消极的情绪则有可能起消极的作用，有更多的不合作行为，从而降低对他人的信任。如有研究认为感恩作为一种积极情绪对个体的合作行为、利他行为有正向的预测作用，通过提高对亲密他人的一致感，进而增加信任行为。但是悲伤等消极情绪则会对人际信任有负向的预测作用。

情绪一致性模型认为，积极情绪对其他的社会目标有着直接和间接的影响。积极情绪更容易让个体产生刻板印象（Bless & Fidedler, 2006）。在囚徒困境实验中当个体有积极的情绪体验时，他们对一些合作/竞争线索是非常敏感的。也有研究认为，积极情绪的个体更容易以类别进行判断。当然，研究认为积极情绪到底是会增加信任还是会减少信任，这需要依赖于它所处的社会情境和社会线索（Hertel et al., 2000）。当个体处于消极情绪体验时，他们更容易依赖自己原有的知识来分析和判断，做的决策也相对更加理性。因此，在刻板印象对人际信任的影响中，情绪效价起着调节作用。具体来说，当个体处于积极情绪状态时，他们更容易依赖于周围的情绪线索建立信任。反之，当个体处于消极情绪时，他们更依赖于前期的知识，也即信任决策更多地靠计算的过程。基于以上理论基础我们提出：

假设7：情绪在刻板印象与人际信任建立中起着调节作用。对于积极情绪状态下的个体来说，他们更容易依赖于社会线索做出判断和决策，但是对于消极的个体来说，他们更容易做出理性的判断。

一、子研究一 刻板印象对信任建立的影响：特质视角

（一）研究目的

本研究拟在中国文化背景下，采用亚洲人的面孔作为刺激对象，来验证面孔的刻板印象在人际信任建立中的作用以及情绪在其中的调节作用。

（二）研究被试

采用随机取样的方法，共招募140名大学生（59名男性和81名女性）。被试的平均年龄为22.08岁（$SD = 5.01$）。所有被试在完成全部实验任务后，都会获得25元人民币作为实验报酬。

（三）研究程序

本研究为被试间设计。140名的被试被随机分配到2（美、丑）*2（积极、消极）四种实验条件下。首先，我们告诉被试他需要和另外一名被试共同完成一个游戏。而他的伙伴正在另外一个房间里做准备，请他们稍等。在他等候的这段时间内，主试请他们完成一个无关的任务，即写一下自己的悲伤或者快乐的一天（情绪启动）。最后，请被试回答："此刻，你在多大程度上是快乐的?"这道题目作为情绪使用是否成功的操纵检验。最后，告知被试需要和其他的伙伴一起完成信任的测量。整个启动过程需要15分钟左右。

所有的实验做完之后，我们向被试解释研究目的，发放被试费，并向他们表示感谢。

1. 面孔材料的准备

对于本研究中所使用的研究材料，我们随机找了20名被试，给他们拍照后，被试离开。在拍照时向被试说明，图片仅用作科研任务。随后，我们采用以前研究中所使用过的软件FANTAMORPH 3.5来对照片进行加工（Epley & Whitchurch，2008）。采用此软件对所获得的20张照片进行美化和丑化。美化的目标为对称脸，丑化的目标为面瘫脸。以10%的速度往美化/丑化前进，最终每张照片获得了11张照片，即原图和美化10%，20%，30%，40%，50%的5张照片及丑化10%，20%，30%，40%，50%的5张照片。为了保持照片的真实性，同时兼顾对美丑的控制，我们分别选择了美化30%和丑化30%的图片作为本研究所使用的启动照片。在正式使用这些照片之前，我们又请10名同学对我们选出的照片在美和丑的维度进行了评价。最终我们选择了两张代表美的照片，男性照片在美的得分上平均为5.66分，女性照片在美的得分上平均为7.46分；也选择了两张代表丑的照片，男性照片在美的维度上的平均得分为2.26分，女性照片在美的维度上的得分为2.44分。这些照片将在实验中被随机呈现给被试。部分样例材料见图10。

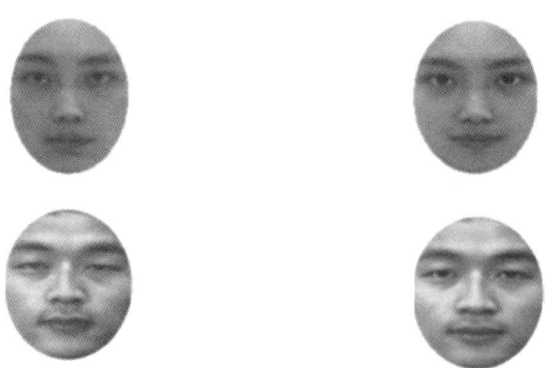

图10　研究中所使用的部分面孔材料

2. 情绪启动

在实验完成基本的准备之后,我们开始对被试的情绪进行操纵。对情绪启动这种实验范式也在以前的研究中被使用过(Bless et al., 1990)。我们让被试回忆一下他们特别快乐/悲伤的一件事,然后请他们具体描写当时的感受及细节。给他们预留 10 分钟的时间,请他们详细写出当时的感受,写得越细节越好。最后,请他们在量表上 1—9 点计分,标出在情绪启动后他们有多快乐或者多悲伤。

3. 信任的测量(信任倾向)

本研究对信任的测量采用了以往实验中所用的囚徒困境测验。该游戏的指导语如下:被试你好,接下来,你需要在实验室与对手玩一个合作游戏。这个游戏里有 4 种选择,你需要在 X 和 Y 之间做出一个选择,你的对手需要在 A 和 B 中做一个选择。具体的规则如下:如果你选择了 X,你的对手选择了 A,那么你和你的对手都将会得到 8 元人民币;如果你选择了 X 而你的对手选择了 B,那么你将会损失 10 元,而你的对手将会得到 10 元;如果你选择了 Y 而你的对手选择了 A,那么你将会得到 10 元而你的对手将会损失 10 元;最后,如果你选择了 Y 而你的对手选择了 B,那么你们都将会损失 8 元。请你记住,你是第一个选择的人。在你做出选择之后,你的对手将会知道你的选择。请仔细思考并做出选择。请在下面的两个问题上画圈表示你做出的选择:"你在多大程度上愿意选择 X?"和"你在多大程度上愿意选择 Y?"对于这些问题的回答,被试需要在 1—7 点量表上进行评分,其中 1 代表"一点也不愿意",7 代表"非常愿意"。

个体愿意选择 X 的倾向越高,意味着他们对对手的信任程度越高。相反,如果他们对 Y 的选择意向越高则说明他们对对手的信任水平越低。考虑到本游戏的复杂性及研究结果的可靠性,让所有的被试对游戏规则有充分的理解非常重要。因此在正式实验前让对手做几次练习,以保证他们对实验过程的正确理解。

（四）研究结果

首先，我们对本研究所涉及的自变量进行操纵性检验，以保证实验结果的可靠性。操纵检验结果发现，被试在1—7点计分上，他们对美的面孔的美貌程度评价（$M_{美}=6.40$，$SD_{美}=1.00$）显著高于他们对丑的面孔美貌的评价（$M_{丑}=4.61$，$SD_{丑}=1.02$），$t(139)=3.20$，$p=0.003$。本研究结果说明我们对面孔的操纵是成功的。随后我们对情绪的启动也进行了操纵检验，结果表明，对积极情绪组的个体来说他们报告的快乐平均得分前后有显著的差异（$M_{前}=4.51$，$SD_{前}=0.89$；$M_{后}=6.14$，$SD_{后}=1.00$），$t(139)=7.97$，$p=0.001$；同样对于悲伤组的个体来说，他们的在快乐上平均得分也有显著的差异（$M_{前}=3.01$，$SD_{前}=0.97$；$M_{后}=4.54$，$SD_{后}=1.11$），$t(138)=6.20$，$p=0.001$。这些数据说明了我们对情绪的操纵也是成功的。除此之外，本研究还对人口统计学变量进行了分析，结果发现人口统计学变量在信任上没有显著的差异。因此，随后的进一步数据分析中，我们没有考虑人口统计学变量。

为了探索美貌的刻板印象与情绪对信任倾向的交互效应，我们以信任倾向为因变量，以美丑、情绪为自变量，照片的性别作为控制变量执行了2（美，丑）*2（快乐，悲伤）的被试间因素协方差分析。方差分析结果表明，面孔对信任具有显著的主效应，$F(1,136)=1.37$，$\eta^2=0.02$；同样，情绪对信任倾向也没有主效应，$F(1,136)=0.066$，$p=0.79$。非常有趣的是，美貌与情绪对信任倾向存在一个显著的交互效应，$F(1,136)=7.24$，$p=0.001$，$\eta^2=0.30$。具体的模式见图11。为了进一步探索美貌与情绪对信任影响的模式，我们做了简单效应分析。结果表明，当个体处于积极情绪状态时，当他们的对手是美的面孔时，他们对X选项的选择倾向（$M=5.60$，$SD=0.99$）显著高于当他们对手面孔是丑时他们对X的选择倾向（$M=4.21$，$SD=0.97$），$t(68)=2.05$，$p=0.001$，$d=0.41$。这一研究结果表明，对于有积极情绪的个体来说，他们通常更容易依赖刻板印象来建立信任关系。

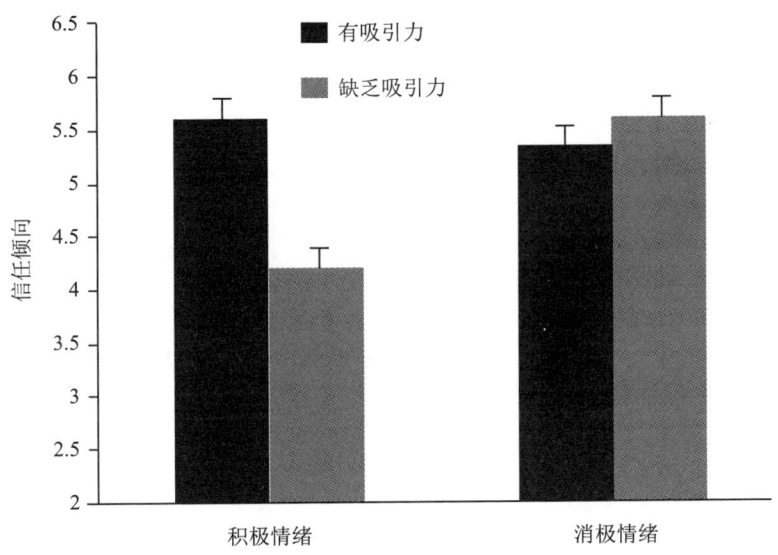

图 11　美貌与情绪对信任倾向的交互效应

但是对于消极情绪的个体来说这种效应不存在。具体来说，当个体处于消极情绪状态下，当他们的对手是美的面孔时他们的选择 X 的平均值为 5.36 元（$M = 5.36, SD = 1.10$），当对手是丑的面孔时他们选择 X 的平均值为 ¥5.63（$M = 5.63, SD = 1.07$），$t(68) = 0.77, p = 0.72, d = 0.18$。也就是说，当个体处于消极情绪时，个体的交往对象无论是丑的还是美的，他们的信任水平没有显著差异，换句话说，心理学上的"美貌溢价"效应对于处在消极情绪的个体不起作用。该研究结合和以往部分理论对应，即当个体处于积极情绪时，他们更容易通过浅显的线索来作为判断的依据。

（五）小结与结论

本研究采用实验室研究的方法，在实验室里向被试呈现本研究首次开发的实验材料，同时采用情绪启动的方法探讨了美貌与情绪对信任倾向的交互作用。本研究结果验证了文中提出的假设，即积极情绪可以加速人们对美貌对方的信任建立过程，因为他们主要靠表面线索来进行判断。本研究从刻板印象的角度解释了人际信任建立中部分法则，也阐明了情绪的作用。为了更好地验证本研究所提的假设，我们将在此研究的基础上，用其他的研究范式来再次验证这一结论。

二、子研究二　刻板印象对信任建立的影响：状态视角

（一）研究目的

本研究为了进一步验证研究一的结果，在研究一的基础上我们采用另一种测量信任的方式来进一步探索刻板印象与情绪对信任行为的交互作用。

（二）研究被试

本研究采用随机抽样的方式，共招募169名大学生被试（71名男性、98名女性），平均年龄为22.02岁（$SD = 3.79$）。在所有的被试完成实验任务之后，我们将发放25元以示答谢。

（三）研究程序

本研究的实验程序和子研究一基本相似。所有的被试都在一个独立的房间内完成实验。到实验室后，他们首先需要完成一个情绪的检测。但是与研究一不同的地方在于本研究中情绪的启动方法和信任的测量方式。本研究我们采用音乐启动的方法对情绪进行启动。情绪启动时间大约需要10分钟。启动结束后，我们请被试回答一个问题，即："此刻，你在多大程度上觉得快乐/悲伤？"他们需要在1—9点量表上标出他们此刻的情绪状态。其中1代表"一点也不快乐/悲伤"，9代表"非常快乐/悲伤"。随后被试需要完成一个信任投资游戏。最后他们需要完成一个纸笔测验，回答他们的人口统计学信息。实验结束，我们会向他们简要介绍本实验的目的。

1. 自变量的操纵

本研究采用让被试听音乐的方法完成情绪的启动。被试进入实验室后，快乐组和悲伤组的被试各听一段快乐的音乐和悲伤的音乐。快乐组听到的音

乐为《金蛇狂舞》，悲伤组听到的音乐为《二泉映月》。在音乐放完之后，被试需要填写操纵性检验题目：此刻，你在多大程度上感受到了快乐/悲伤？采用1—9点计分，其中1代表"一点也不快乐/悲伤"，9代表"非常快乐/悲伤"。

2. 因变量的测量

在本研究中我们采用信任投资游戏（trust game）来测量信任，并把个体在游戏中最终投资的金钱数量作为信任测量的指标。具体内容如下：我们给玩家1一定的现金作为投资基金（10元）。在投资过程中，玩家1可以把自己任意数量的钱投资给玩家2（0—10元）。玩家1投资给玩家2的金钱的数量在玩家2那里将会变成原来的三倍。例如，如果玩家1投资给对手10元人民币，那么玩家2将会收到30元人民币。如果玩家1投资给对手5元人民币，那么对手获得的人民币数量将会是15元人民币。随后，对手可以把刚才从玩家1那儿获来的人民币对玩家1进行回馈。但是玩家2回馈的钱不会翻倍。如在上述例子中，若玩家2愿意返回15元给玩家1，那么就是双方两人都可以获得15元人民币，二者的利益同时达到最大化。其中玩家1愿意投资的数量我们作为是信任的指标。为了激励所有的被试认真对待该游戏，我们告知被试在游戏结束时除了可以拿到被试费，他们在游戏中赚到的钱也可以作为报酬带走。实际上，所有的被试都是获得20元被试费，但是我们会向被试解释清楚我们的实验目的。

（四）研究结果

首先，我们对本批样本中的刻板印象与情绪的操纵是否成功做了检验。独立样本 t 检验结果表明，积极情绪组的个体感受到了更多的积极情绪（$M_{before} = 4.84$，$SD_{before} = 1.03$；$M_{after} = 5.99$，$SD_{after} = 0.86$），$t(168) = 6.89$，$p = 0.001$。同时，消极情绪组的个体也感受到了更多的消极情绪（$M_{before} = 3.84$，$SD_{before} = 0.99$；$M_{after} = 4.96$，$SD_{after} = 0.97$），$t(168) = 6.74$，$p = 0.001$。同样，我们通过 t 检验来对研究中所使用的图片进行操纵性检验，结果显示人们对美丽面孔的感知（$M = 6.67$，$SD = 1.02$）显著高于人们对丑的面孔的感知（$M = 4.40$，$SD = 0.98$），$t(168) = 3.87$，$p = 0.001$。这些研究结果表明，本研究中面孔的操纵也是成功的。同时我们对数据分析结果还发现，人口统计学变量对信任水平的影响没有显著差异，因此后续研究没有把这些变量包括在内。但是考虑到男女面孔可能对被试有影响，我们把图片的面孔作为控制变量纳入数据分析。

为了具体探索刻板印象和情绪对信任行为的影响，我们以面孔、情绪为自变量，以个体对他人的投资金额数量为因变量，同时以图片面孔的性别为控制变量执行了 2（面孔：美，丑）*2（情绪：快乐，悲伤）的协方差分析。结果发现，面孔和情绪对信任行为具有显著的交互作用，$F(1, 165) = 3.98$，$p = 0.003$，$\eta^2 = 0.32$。简单交互分析结果显示，对于处在积极情绪下的个体，如果他们对手的面孔是美丽的，那么他们平均分配的金钱为 6.52 元（$M = 6.52$，$SD = 1.30$），如果他们对手的面孔是丑的，他们给对方平均分配的金钱为 5.55（$M = 5.55$ $SD = 1.02$），$t(83) = 3.07$，$p = 0.001$，$d = 0.47$。然而，对于处在消极情绪的个体来说，他们对面孔美的对手和面孔丑的对手所分配的金钱差异不显著。具体来说，当他们的游戏对手面孔是美的时，他们分配的平均金额为 5.85 元（$M = 5.85$，$SD = 1.10$），当他们的游戏对手面孔是丑的时，他们分配的平均金额为 6.35 元（$M = 6.35$，$SD = 1.07$），$t(82) = 1.01$，$p = 0.19$，$d = 0.22$。该研究结果表面，面孔在信任建立中的作用，对于处在消极情绪下的个体来说是无效的。

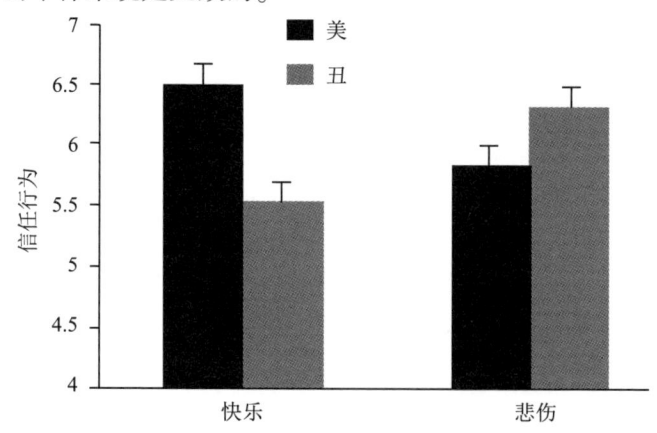

图 12　美貌与情绪对信任行为的交互效应

（五）小结与讨论

在本研究中，我们通过两个实验室实验证明了我们前面所提出的假设，即尽管面孔的美丽程度在信任建立过程有着重要的影响，但是情绪在其中起着调节作用。子研究一结果发现，处在积极情绪下的个体通常会根据人们的面部特点来对他人进行判断，并进一步做出是否信任的决策。对于处在消极情绪下的个体来说，面貌特征的作用消失。也就是说，当人们处于积极情绪时，他们通常会忽略信任建立中的风险，通常会戴着"有色眼镜"来看这个世界，认为美的人比丑的人更可靠。

以往研究中（也包括本项目的其他研究），我们通常对熟人之间微妙的人际信任关系更加关注，却忽略人们在与陌生人建立信任关系时的特点。本研究通过实验的方法，从情绪的角度探讨人际信任的建立，具有一定的实践意义。现在大家经常提到的体验经济，强调情绪体验对消费的影响。从消费的角度来看，人们如何快速地对某种品牌或者某种商品建立信任显得非常重要。本研究结果发现，积极情绪的个体更容易受客观线索而非主观知识的影响。本研究结果表明，消极情绪能促使人们做出更加理性的决策，而积极情绪更有可能做出感性的决策，因为他们更愿意通过一些浅显的加工线索来做决定。因此，对自己的情绪进行合适的调节，才不至于得意忘形。虽然本研究结果有一些启发，但是也存在着一些局限性。如前所述，本研究用来测量信任的两种范式都是一轮的测验。在一次社会交换中，被试不会考虑与对方建立长远的关系。基本中国的文化背景，人情和关系元素对中国人的重要性，这种测验很难表达出中国的信任建立的特点。除此之外，在现在的文化情景实验中，多数是用金钱投资的数量来代表人们的信任程度。钱作为一种工具的同时，也是一种"毒药"。在中国当前发展的历史阶段，金钱对国人所代表的意义也有自己独特的特点。因此，无论是一般信任量表，还是目前的投资情景实验，都无法准确测量中国人的信任水平。这是本研究及其他研究都需要面临的问题。

除此之外，本研究对照片的性别影响仅在统计学上进行了控制分析。但是在当前的人际信任过程中，性别还是起着重要的决定作用的。由于多重因素影响，目前中国男女性别比例存在不平衡现象。从进化论上来讲，对于男性来说，当女性资源不足时他们就会更容易产生竞争，因此表现出对异性有更高的信任水平，而对同性（对手）的信任水平会很低。考虑到实验设计的简洁性及样本量的大小，本研究没有把样本性别作为一个变量纳入数据分析。因此未来的研究可以更加深入来探讨性别在信任建立中的作用。

第七章 研究五 文化接触视角下的群际信任研究

随着全球化的发展，多种文化并存现象逐日增加，个体可能会同时接触多种不同的文化。当前社会心理学有关此类的研究主要集中在对文化混搭（culture mixing）的研究方面。文化混搭从本质上来说是一种文化互动。尽管过去的几十年有关信任的文化差异研究已经有很多，也对不同文化下的信任模式、信任过程及信任修复等方面进行了较为充分的探索。但是这些研究多数把文化看作是孤立、静态的对象，对于不同文化下的互动过程对个体心理和行为的影响还没有受到广泛的关注，因此也无法更好地理解文化并存与个体心理和行为之间的关系。从研究某种心理现象在文化之间的异同转向探讨在文化互动和并存下的变化，是当今文化心理学研究的一个重要趋势（Chiu et al.，2009）。

何为文化混搭？要想正确理解文化混搭的概念，首先需要分别正确厘清"文化"和"混搭"这两个概念。文化是一种复杂又微妙的现象，是指"任何一种可以满足群体或个体的心理需要并可以在群体中共享、延续的知识系统"（Chiu & Cheng，2007）。该定义中包括了文化的两个条件，文化是在某空间内互相依存的个体，同时在特定时间的传承有代际性。在此基础上，研究把文化混搭现象界定为"不同国家、不同民族之间的文化元素同时、同地出现的现象"（Chiu et al.，2011）。文化混搭不是个体内部的心理体验，而是一种环境现象。文化混搭包括广义文化混搭和狭义文化混搭两个方面。从广义的角度来看，它是指当文化甲中的个体遭遇到了文化乙，那么两种文化中的文化经验和特征共同构成的一种混搭。从狭义的角度来说，是指某种文化下的个体可能同时遭遇多种文化的混搭现象，包含着不同文化元素的混搭。有关狭义混搭的研究最近几年开始逐渐流行。使用"混搭"一词是因为其语义偏中性，没有积极（如交融）和消极（如入侵）的指向。与此同时，文化混搭仍然可以概括接触、交流、融合过程，同时也可以展现文化共存、交织的特点。现在大多数有关文化混搭的研究表明，面对文化混搭现象时，个体的反应主要归纳为接纳和排斥（吴莹等，2014）两种形式。当个体需要同时面对个体文化和外来文化时，需要他们做出对文化取舍的决定。即使是接纳外来文化，那么对自身文化是保留还是摒弃的不同心理状态，也会导致个体的行为不同。因此当个体面临文化混搭时，对于同时并存的文化符号反映的类别也有所不同。

一、文化混搭反应的类别

（一）对比式反应

当个体面临多种文化符号同时存在的情景时，维护自身文化价值观、排斥其他价值观是他们最常见的反应，个体也通常会采取一定的努力行为来抗拒外来文化的入侵。在全球化时代背景下，有些国家开始举行反对全球化的大规模行动，如他们开始抵制外来商品，抗议由外来文化造成的文化污染，最终达到维护其文化认同的目标。社会认同理论认为，社会互动中个体常常通过自己归属于某一群体来获得满足感、归属感和自尊心。在这种群体归类的过程中，他们将会对内群体和外群体进行区分。因此当在面临外群体时，个体通常会做出排斥的反应。首先，面对文化混搭时，人们会存在视觉效应上的对比，这种对比会使他们对文化之间差异的感知放大，因此也更容易做出排斥行为。对比式的反应通常速度很快，是一种自动化的本能反应，同时也会伴有厌恶、恐惧等消极情绪状态的产生。特别是当人们感受到外来文化侵略时，他们通常会采取隔离、攻击及拒绝等方式。对比式反应导致的最直接后果在于能增加个体对本土文化的认同。杜维明曾经指出，全球化运动使民众的本土意识和根源性得到了提升（杜维明，2010）。这里的根源性包括性别、年龄、阶层、信仰等与个体生命成长相连接的纽带。有研究认为，中国近年逐步复兴的国学，包括本土心理学研究都可以看作本土认同得到增强的现实例子。同样一些实验研究也验证了这一问题，如在中国举办的奥运会结束之后，中国民众开始更加喜欢本土品牌。这种现象的原因有可能是因为奥运会更加突出不同文化之间的竞争关系，因此人们的内群体偏好逐渐在增强。

（二）同化式反应

与对比式反应不同，同化式反应是指个体在面临文化混搭时，对本土文化持有贬斥的态度，但也积极接纳外来文化。百瑞提出了文化适应模型，其中的"同化型"文化适应在某种程度上可以概括这种舍弃本土文化而去拥抱外来文化的现象（Berry，2010）。该文化模型中指出了文化适应的四种模式，即整合、分享、同化和边缘化。整合是指在保留原有文化认同的基础上融入其他文化；同化是指完全融入当地文化而放弃原来的文化；分离则是指认同自身的文化，同时与其他文化保持一定的距离；边缘化则是处于两种文化的边缘地带，对主流文化和本土文化的认同度都比较低。该理论认为，针对身在他乡的少数群体，如果选择全盘同化那将会伴随着巨大的心理代价，一般是出于环境所迫而不是主动的行为。同时当待在本地的居民在面对本土文化和外来文化混搭时，如果采用了同化态度则更是出于不得已。因为要使个体全盘放弃本土文化而接受其他文化，以新颜换旧貌，不仅需要足够的心理动力，也要承受巨大的压力。因此，个体在面临文化混搭时的同化反应，通常不会发生在文化接受的开始阶段，而是在防卫无效之后所做出的策略性选择。如发生在五四期间的"全盘西化"理论，即是在"中体西用"及"中西会通"的做法失效之后，才认为全盘学习西方的科技可能是必走之路。相关研究认为，同化反应一般来自对外来文化的欣赏和羡慕等积极情绪，因此，这类反应通常比较缓慢。换一个角度来说，同化更像是一种手段而不是最终的目的。在这种情况下可能把外文化进行加工、更新和改造，最终实现本群体文化的更新，以得到更好的生存和更远的发展出路。

（三）混搭反应

现实生活中个体面对文化混搭的反应通常不全部是同化或者全部是对比反应，而多半的反应都是混搭的。他们需要在两种文化中经历互动、妥协、磨合等过程，最终做出折中的决定。文化混搭式共有九种反应类型，具体包括融通、附会、分理、并置、统摄、移接、转化、叠合和协同（Verma & Saraswathi, 2002）。融通是指去寻找不同文化之间的共同之处，并以此为基础实现文化的对话和融合。附会是尝试用原有文化中的相关内容来诠释另一个文化的内容，在诠释过程中，经常会有策略性的对比和扭曲，通过此过程来提升对某一文化的接受程度。分理则与个体的文化能力有关，它是指两种文化符号在不同的空间领域、不同的时间，个体能在其间进行自由的切换，使不同的文化在不同阶段各尽其能。文化并置是指两个文化虽然在同一时间存在，但是各自保留自身的特点，没有联系，仅是由于时间、空间并存而混搭的效果。统摄是指在保持主体文化占优势地位的前提下，去吸纳其他文化的元素。移接是指把两种不同的文化中的成分重新结合和组成，形成一个新的有机整体，无明显的主次之分，强调双方文化互动。转化是另外一种重要的反应形式，即把某种文化中的特殊元素进行创造性的转化，以与另外一种文化相通融。叠合则是指两种文化同时存在，但是各自保留其特征，同时相互作用，动态变化。叠合认同具有高度的复杂性和整合性。最后一种是协同，是指不同的文化在互动和协调后形成一种新的文化。

二、文化混搭对个体心理与行为的影响

(一) 对文化差异感知的影响

首先,文化混搭对个体文化差异的感知有显著的影响。当两种文化符号同时并存时,个体感觉到文化之间的差异更加明显。如有研究把麦当劳的商业图标叠加在万里长城文化符号之上时,人们会对中美两种文化之间的差异感知更明显且认为两种文化不相兼容,这种效应一般被称为"文化激活效应"(bicultural activation effect)(彭璐珞,赵娜,2015)。当两种文化符号同时呈现时,个体对两种文化所代表的文化表征同时激活,会产生一种对比效应,使个体对不同文化之间的差异和文化距离加以放大。另外,也有其他实证研究证明这种现象的存在。如当同时给被试呈现麦当劳的汉堡月饼和中国月饼的广告时,他们对内群体文化下的心理特征感知更敏感,也更倾向于表现出具有文化典型性的个体行为。也有研究用同样的研究方法模拟了该研究结果,比如向被试呈现一些具有美国文化特色的中国品牌的商品时,被试不仅放大了不同文化间的距离,而且会放大实验材料之外的其他国家的文化之间的距离。除了不同文化的并存对个体的影响之外,我国的城镇化进程中传统文化和现代文化混搭的现象也比较普遍。由于城市居民对多元文化接触的机会更多,因而对文化差异的敏感性反应更强,并且认为中西方的价值观差异很大。奥运会比赛结束后,中国人认为不同文化之间的差异更大,而且明显表现出内群体偏好。与此类似的表现在于,当个体参与了短期的对外交流、接受跨文化训练后,增加了他们接触多元文化的机会,提升了他们文化的敏感性,因此他们对不同群体的文化差异也更能敏锐地捕捉到。

(二) 文化混搭对创造力的影响

当前有关文化混搭对个体心理与行为的影响一般认为是消极的,如会降低个体的文化认同等。同时,研究也发现,多元文化的思想和实践可能被个

体看作一种智力的资源，文化混搭现象对个体的创造力有促进作用。有研究向欧裔美国人呈现文化混搭符号：长城（中国文化元素）和自由女神（美国文化元素）。结果发现，同时暴露在两种文化符号下的被试在问题解决上往往有更多有创意的想法，并且这种文化效应的影响可以持续6天左右（Chiu et al., 2009）。这样的研究结论在新加坡被试身上也得到了相同的验证。值得注意的是，研究认为不同文化元素混搭中只有至少有一种是内群体文化符号时，这些混搭的文化才会提高个体的创造力，具体体现在认知灵活性和复杂度等测量指标上。这种积极影响背后的原因可能是当被试大脑同时激活两种不同的文化元素时，个体在不同的元素中间能打通并且建立更多的联系，从而影响个体的发散思维能力所导致的。在社会生活中也可以看出，同时具有多种文化经验的个体，在对不同文化的认知表现上，比只有单一文化背景的个体具有更加复杂的认知。当然，文化混搭对个体创造性的影响并不是线性的，而是存在着明显的个体差异。研究发现，对于认知闭合水平比较高的个体来说，文化混搭对创造力的影响并没有显著的作用，但是对于认知闭合水平比较低的个体来说，则具有显著的预测作用。同时，对于文化开放性较低的个体，文化混搭对创造力的影响也不显著。个体其他的认知因素在其中也起着重要作用，如当启动个体的死亡感知时，文化混搭因素对创造力的影响力会减弱。

（三）文化混搭对文化能力的影响

多元文化能力最近受到心理学研究者的关注，它是指在不同的文化环境互动中能使用相应语境下文化知识的能力，同时还包括转换不同的文化框架以建构意义的灵活性。文化混搭对个体文化能力的影响相对比较复杂，包括正面影响和负面影响两个方面。文化混搭情景下，由于固定的文化图式和类别框架被打破，因而也可能会增加人们的文化开放程度。在这种情况下，个体将会有积极的表现和正面的思维方式，如对其他种族的刻板印象会减少，同时包括种族主义信念、歧视决策等问题。从另外一个方面来说，如果个体把外来文化知觉为对本土文化的威胁和侵犯，那么文化混搭可能还会更加激发他们的文化保守性，使他们的关注焦虑更集中在自身文化上。如向被试呈现文化混搭图片，让看中国文化符号的被试用英语来回答问卷，让看美国文化符号的被试用汉语来回答问卷，研究结果发现，那些对他国文化认同度高的学生的认知闭合程度没有受到影响，而对国外文化认同低的学生，他们的认知闭合需求则提升了。由于文化混搭现象会增加个体对文化差异的感知和对立，因此在某种程度上，还可能会加深人们的刻板印象和偏见。为了验证上述问题，有研究者通过对选修文化心理学课程和未选修过文化心理学课程的美国大学生进行对比，结果发现选修过文化心理学的个体有更高水平的文化敏感，也对其他群体有更深的刻板印象。例如，他们认为与西方人比起来，东方个体可能会更加保守和羞涩（Leung & Chiu，2010）。

（四）文化混搭对刻板印象威胁的影响

文化混搭同样会影响个体的刻板印象，其中包括刻板印象威胁和刻板印象自我化。在不同文化背景下的群际互动中，强势文化个体对于弱势文化个体更容易形成刻板印象，即刻板印象威胁，如"素质低""能力低"等。这种刻板印象会给弱势群体增加持续性的心理压力，从而对原有的刻板印象进一步深化并放大，如标签化、污名化等。以权力为例，当前的研究结果表明，权力关系在文化混搭与个体的心理行为之间起着重要的作用。在群体之间的接触中，由于双方在地位和权力上的不平等，强势文化群体对弱势文化群体所带来的威胁感会有持续的影响。一般研究结果认为，刻板印象对个体的影响都是消极的，对某个群体的污名化会严重影响群体的工作业绩。例如，非裔美国人在美国社会经常被认为是缺乏能力和知识的，因此这些个体在相关的竞争性表现时，经常会担忧自己的表现。正是这种担忧和焦虑会影响他们的表现，因此又反过来加深了原来的刻板印象。虽然目前有关文化混搭情景如何对刻板印象威胁产生影响的直接相关研究并不多，但是我们仍然可以推测出多种文化情景同时出现时更容易激发群体之间的比较，有可能会加深不同群体之间的刻板印象。尤其是对于弱势群体来说，他们也有可能会接受别人给予自己群体的刻板评价，这种评价会进一步建构群体认同、表达反抗的方式等。未来的研究应该从宏观和微观的角度来探讨文化混搭如何影响个体和群体间的刻板印象，并进一步影响他们的互动行为。

三、多元文化视角下文化认同对群际信任影响的积极作用及机制

多元文化并存的社会情景下，文化混搭现象对群际信任的影响有可能是积极的，也有可能是消极的，这有可能取决于人们对文化混搭的反应不同。从文化认同的角度来看，文化混搭现象有可能会提升群际信任水平，对群际信任起着积极的促进作用。群体认同与群际信任有着密切的关系，人们更相信能从自己认同的群体里得到回报（Bechtel, 2014）。社会认同理论（social identity）假设，个体对内群体的认同水平越高，其对所在群体的信任水平也越高，对外群体的信任水平越低（Zhang & Huxham, 2009）。然而，在全球化背景下个体的认同结构发生了变化，出现了双文化认同（bicultural identity），认同混乱（identity confusion）和多元认同（hybrid identity）等现象（Kuwabara, 2007）。认同结构的改变，对于人们怎么样看待自己与周围的环境有重要的影响，并且进一步影响群际信任的建立。

（一）社会认同理论

20世纪70年代起，社会认同理论成为社会心理学研究领域中最具有影响力的理论之一。该理论核心观点在于个体通过自己在社会互动过程中对自己进行分类，并对自己所在群体产生群体认同。个体对某群体的认同会增加其内群体的偏好，同时对外群体也更容易产生偏见。当个体感受到外部分群体的威胁时，他们需要通过建立社会认同或者群体认同来提高自己的自尊心。同时，如果他们对自己群体的认同过分热衷时，他们总会认为自己的群体更好，也就更容易引起群体间的偏见及群体冲突。

Tajfel（1978）把社会认同定义为是个体对自己所处特定群体认知的同时，也可以认知到其他的群体成员给自己带来的情感和价值意义（Arnett，2002）。后来相关学者又把社会认同分为个体认同和社会认同（Tajfel，1978）。社会认同是基于某个社会类别基础上的自我描述；个体认同则是对自身的认同，通常以自我为参照。社会认同的基础过程建立在社会分类、社会比较及积极区分的原则之上。首先，个体会对社会事物进行分类，如他人和自己、动物和人类、内群体和外群体等。当人们进行这些分类时，他们同时也把自我纳入某一个类别中，此过程事实上是自我定型的过程。个体在进行分类时也通常把积极的特点归功到内群体成员，将有利的资源分配给内成员。在对群体进行社会分类后，个体将进一步进行社会比较，通过对群体的区分去满足自我评价的需求。社会比较过程中，个体通常会夸大群体的差异，对内群体的积极评价更高，更加偏自己所处的群体，产生不对称的群体认同。

（二）群体认同理论与群际信任

信任是普遍存在的社会现象，它不仅存在于个体与个体之间，还存在于群体与群体之间。以往研究者对人际信任的关注较多，而最近研究者也开始把信任的问题研究转移到群际关系上，群际信任也逐渐成为社会心理学研究的重要方向。质量较高的群际关系不仅可以增强内、外群体之间的信任水平，也在一定程度上可以降低群体间的刻板印象及偏见，有利于促进群际关系的和谐发展。

群际信任作为一种复杂的社会心理现象，虽然受到了研究者的关注，但是目前还没有形成统一的定义。一般认为群际信任是某个群体对某一外群体的不完整信任过程的积极偏向。也有研究者将其定义为是对外群体自信的预期，或者是内外群体个体在人际互动时对外群体感觉到的一种潜在风险。借鉴人际信任的定义，我们把群际信任定义为某一群体的个体对其他群体成员的行为或者意向做积极预期而愿意承担风险的一种心理状态。群际信任与人际信任存在着以下几点差异。首先,人际信任通常指个体间的信任,通常是指两个和多个个体之间的信任,主要受个体特征及人际关系的影响,但是不受社会群体成员身份的影响。群际信任则很少受个体特征的影响,更多的是受社会群体成员身份的影响。其次,个体的特征在人际信任中的作用要显著小于在群际信任中的作用,因为个体如果认同某一群体,那么他们会根据群体成员的特征来判断群体的可靠程度,个体特征的影响则会被弱化。再次,群际信任关系在竞争性与合作性上都显著小于个体信任,因此群际信任一般也会低于人际信任水平。最后,在实验过程中,群体的身份都是公开的,但是人际信任的研究中,其信任对象的信息都是匿名的,同时人际信任的双方都是个人,而群际信任的双方则是3—5人小组组成的。

在群际信任的相关研究中,最广泛使用的研究范式仍然是"信任博弈"游戏。与人际信任研究不同之处在于,群际信任在博弈范式中无论是投资者还是受托者都不是某一个体,而是由3人及其以上组成的群体,并且会通过群体的名称标签把不同的群体区分开来。一般来说,这样的范式易于操作,简单直观,是群际信任研究常用的方法。然而,这种方法更多的是在实验室中实验,而无法考虑真实的情景,因此其外部效度不高。群际信任在日常生活中是广泛存在的,对这样日常群际信任的研究,选择问卷调查法是更可行的方法。

群体认同是群体成员的核心心理特质,它反映了个体将群体成员的身份进行自我概念化的程度,在各种集体行为中都起着关键的作用。群体认同一般来源于两种基本动机:自我提升和减少不确定性。一般来说,个体通过群体间的社会比较感受到的优势来提升个体的自尊水平,最终实现自我提升的目的。同样,个体通过对自身群体及其他群体的特征的掌握,可以更好地预测他人的行为以减少不确定性对自己决策的影响。很多心理现象都与群体认同有着密切的关系,如内群体偏好、群体刻板印象、外群体贬损等。因此个体的群体认同通常是集群行为的一个重要预测因素。在目前的集群行为研究中,研究者们通常把群体认同看作群体行为的一个主要动因,会对个体产生强化效应。当个体的群际水平比较高时,当与其他群体存在冲突时,他们的凝聚力将会变得更强,个体与群体的心理联系也会更加紧密。这种积极体验可以激发群体成员的目标并且为了共同目标更加努力。群体认同有不同的特殊形式,如政治认同、多元认同、双重认同等。政治认同是指对某社会组织的认同,对个体和群体活动都具有较强的影响。在正常的社会生活中人们通常不止有一种身份,可能隶属于多个群体也有多种社会身份。个体对自己在不同群体里的身份同时会产生认同,即多重认同。双重认同则是指个体对自己所在的不同群体同时产生的认同,如对上位群体和亚群体身份。

通过对现在的相关研究进行梳理可以发现,当激活个体对所在群体身份的认知及表征时,个体对内外群体的态度和行为具有显著的差异。具体到群际信任上,相关研究认为,人们对内群体成员的信任水平会显著高于他们对外群体成员的信任水平(Austin & Worchel, 1986)。随着全球化时代的到来,不同的时间和空间可能会同时存在不同的文化符号。因此,全球化导致了个体的多元文化的认同,也增加了现代社会的不可控性、不确定性和复杂性,使得群际信任建立的风险增加。

(三) 多元文化认同对群际信任的促进作用

随着科技的发展,不同文化下的个体交流起来更方便,个体也需要同时面临不同的文化符号及相应的文化价值观。在文化认同上,由原来的单一文化认同,变成多重认同、双重认同等。人们也逐渐具有多元文化背景。这些多元文化个体一般是指混居族群,如在不同国家居住的外籍人员、移民、旅居者以一些少数民族人士,他们不仅会受到母文化的影响,也会受到至少一种外来文化的影响。以美国人为例,当前大部分美国人都认为自己是拥有双文化背景的个体。对我国个体来说,尤其是大学生来说,部分具有双文化背景。具体原因可能是由于在中国生活的外国人逐渐增多,中国大学生出国留学的数量也在逐渐增加。他们不仅学习外国的文化、外国语言,同时也会经常观看外国文化背景下的电影、电视剧，阅读外文图书等。同时，他们也接触本土文化和其他文化下的思想。

多元文化认同是指个体对两种文化下的组织特征都比较认同的一种方式。当前研究认为，当个体同时面临多种文化时，需要文化适应，具体有整合、同化、边缘化和分离四种形式。文化适应的最初方式通常是新的文化被母文化同化，也即是最初的文化向其他文化转变的过程。已有研究表明，个体使用最多的双文化策略是文化整合，其次才是分离、边缘化等策略。个体在处理双文化身份和双文化经验时存在着很大的差异。双文化整合过程大致可以分为四个阶段：预备阶段、发展和融合阶段、分化阶段、认同整合阶段。在预备阶段，个体会将自己的文化特点投射到新的社会群体，认为新的群体也应该具有本文化群体的独特的特征。在这一阶段，个体通常在自群体和其他群体中寻找共同点，并对这些共同点进行整合。在发展阶段，个体通过在新群体的生活，可以体会到新文化的变化并意识到不同文化在价值观和行为规范上的差异。这些不同点会使个体在文化碰撞过程中左右为难。虽然个体能感知到不同文化群体之间的相似点和不同点，但是还不能把自己完全作为新成员纳入新的文化潮流。在分化阶段，个体与新文化或文化群体下的成员接触逐渐增多，他们对新文化的认同度也会增加，会把新文化纳入自我的一部分。虽然不同文化下的相似点和联系还没有完全建立，但是在不同的情境下个体的身份也会得到不同的激活，在不同文化背景下个体也会有不同的表现。最后一个阶段为认同整合阶段，也是在四个阶段中最重要的一个阶段。在这个阶段个体对不同文化下的冲突有清晰的认识，而且会主动寻找方法来解决这种冲突，最终通过找到不同文化下的共同规范和价值观，来正确客观看待不同背景下的个体行为。通过对文化的整合承认个体的身份，不是由单一的环境决定的，不同的文化身份会激活个体不同的认知。

有关双文化认同的心理学研究，主要是集中在探讨移民及少数民族发展问题上，而多元认同与群际信任的直接研究还比较少（Oldmeadow et al.,

2005)。随着全球化媒体的开放，当地文化在不同程度上发生了变迁，并改变了群际交往的方式。虽然有些价值观发生了改变，但是有些价值观仍然保存。例如，尽管印度已经是一个成熟的全球化经济国家，但是生活在该文化下即使受过高等教育的年轻人，仍然遵循着父母包办婚姻的传统（Chen, 2010）。为了说明这种现象，研究者提出了多元文化联结的概念（Bicultural Identity integration，BII）来描述个体对主流文化及外来文化的认知（Verma & Saraswathi, 2002）。研究认为双文化认同高的亚裔美国人，当接受美国文化启动时，个体在实验室作业上表现出较强的内部归因倾向，而当接受中国文化启动时则有较高的外部归因（Verónica et al., 2005）。这说明，不同文化认同的个体，其行为也有不同的表现方式。其他相关研究也验证了这一结论（Veronica et al., 2002）。同时多元文化认同与个体的神经质及情景压力认知有显著的相关关系。另外，多元文化认同还会引起一系列个体心理变量的变化，如情绪和压力、认知方式等（Miller et al., 2009）。

多元文化对个体的幸福感、心理健康及社会适应等方面有重要的影响，其中群际信任就是最重要的影响之一。在文化适应过程中，如果个体具有较高的文化适应能力，他们就能把两种不同的文化进行较好的整合。在此基础上的群体接触和群体交往时，个体的消极情感也比较少。同时，个体对其他群体可以表现出较高的开放性和包容性，容易与群体外的个体建立朋友关系。在人际交往过程中，人们对其中的交往风险评估也会降低。即使个体在协调不同文化下有冲突感，如果个体有较高的文化能力和文化认同，他们也可以看到不同文化各自的优势，同时将两个文化认同的身份纳入自我，变成自我的一部分。多元文化认同水平比较高的个体，对外群体的刻板印象也会减少。因此他们对其他群体的消极特质评估降低，而有更多积极特质的投射。从这个角度和路径来说，个体对其他文化的认同有利于促进群际交往，有利于提升群际的信任水平。

四、文化威胁对群体信任影响的消极路径及机制

(一) 群际威胁与群际信任

1. 群际威胁

群际威胁是指在某特定情形中，某一群体对另外一群体的生存和发展目标产生了威胁。当个体感知到这种威胁时，人们可能会对外群体有消极的行为和态度。群际交往中，比较弱的群体更容易受其他群体的影响，尤其是强势群体的影响。这种威胁可能会导致弱势群体对强势群体产生敌意或者是对抗行为。以不同理论来源为基础，结合威胁自身的特点，研究者将威胁分成了不同的类型，包括现实威胁、象征威胁、文化威胁及社会认同等。有研究者对群际威胁的概念进行了区分和整合，最终分为认同威胁、文化和现实威胁。

现实冲突理论最早考虑到了群体威胁因素对群体关系的影响。该理论很好地解释了某群体中的个体在感知到现实中存在的威胁时所产生的偏见问题。然而没有现实利益冲突的两个群体为什么也会有群体偏见和冲突？象征种族主义理论认为群体之间的差异不是因为个体的外表，而是因为不同群体的信念和价值观不同导致的。当个体感知到自身所处的文化和价值观有可能会因为其他群体的移入而受到威胁时，个体对该群体的态度和行为将会变得非常消极。在社会认同理论的基础上产生了认同威胁的概念。社会认同理论区分了群体水平的社会认同与个体水平的个人认同。当遇到某个社会地位或经济水平较高的群体时，个体会将该群体视为威胁内群体价值的来源。如果个体对所在群体不满意时，他们有可能会脱离所属群体。但是当群体边界不可改变时，他们则会通过提高群体自尊的方式来获得内群体的积极认同，如贬低和损害其他群体。这种来源于社会比较方面的威胁称为社会认同威胁。

2. 群体威胁的后果

个体一旦感觉到其他群体的威胁，将会产生一系列的后果。首先是**脱离群体**。如果个体所在的群体边界开放，而个体对所属群体的评价又很消极，那么个体很可能会尝试离开当前所属群体进入其他群体。随后会通过自己的努力改善生存状态。当然这种脱离状态仅对那些脱离成功的群体有效。然而群体流动无法消除阶层之间的不平等，因此虽然脱离所属群体在理论上是可行的，但是在实际生活中行为实施起来则会有比较大的困难。其次则是尝试**改变所处群体的状态**。当个体对所在群体不满意时，他仍然选择留在群体之中，同时改变自己对本群体的评价。通过改变群体状态的策略有两种：即社会创造与社会竞争。当个体意识到无法逾越所处群体的边界时，他们会选择这些策略，至于个体在这两种策略中如何选择，则取决于群体之间的关系稳定性，并且与个体差异有紧密的联系。社会创造过程中，个体通常会引进一些新的比较维度，重新评定消极评价的维度，或者转换比较对象。最后是群体会**接受消极的认同结果**。在社会心理学研究中，学者们常常会忽略群体低姿态的社会和心理结果。被动地接受消极后果一般被认为是宿命论，从而让一些社会行动受到抑制。

（二）多元文化防御与群际信任的建立

多元文化混搭还可能通过影响个体的威胁感知，对群际信任的建立起消极的作用。当个体同时面临多种文化价值观时，除了有可能会产生多元文化认同，也有可能会从其他文化中体验到群体威胁。当个体感受到来自外界的威胁时，他们通常会采取相应的防御策略加以应对，以维持或提高自身的自尊水平。最常见的维持策略通常表现为对其他群体身份的否认，并对自己所处的群体身份进行重新分类。当个体感受到威胁时，通常会有更多的消极情绪和消极行为，而积极情绪和积极行为则会减少。群际信任则是一种常见的积极的行为，因此从直接关系上说，多元文化并存带来的威胁感会降低群际信任水平，同时对本群体内的信任水平则会更加提升。虽然无论个体是否受到多元文化的威胁，他们对内群体的群际信任水平都显著高于对外群体的信任水平，然而，当个体感受到威胁时，这种差异将会显著增加，一些消极的应对和反抗是典型的应对方式。因此在全球化背景下，个体很容易因感知到其他文化的威胁而出现文化防御心理，进而用消极的态度和行为来保护自己所属的文化不受侵犯和腐蚀（Biller et al., 2009）。

当个体感知到其他价值观的威胁时，个体会体验到较高水平的存在性焦虑（existing anxiety）。在此状态下，个体将会处于一种文化防御的心理状态，通过保护自身的行为、信念和价值观等来抵御威胁感。应对这种消极体验最重要的方式之一在于，个体将会回归他们所归属的文化，捍卫自己的文化世界观，进而产生排外行为（Morris et al., 2011）。换句话说，当个体感知到威胁的情况下，会引发其对母文化完整性和传承性的保护欲望。在群际威胁的四种类型中，其中象征性群体威胁（symbolic group threats）是指对于一个群体的信仰、价值观、信念系统、人生观、道德观或世界观的威胁。恐惧理论指出，当个体感受到威胁时，会引起对外群体的偏见（Li & Hong, 2001）。

个体感知到的威胁感对个体的影响其实是非常宽泛的，包括与外群体的冲突、不满、恐惧、愤怒等认知和情感反应。但就群际信任来说，个体防御模式之一还有可能会增加个体对内部群体的联接和信任水平（Tan et al., 2008）。但是对于外群体来说，他们则会增加对人际交往过程中的风险评估，不敢做出信任的决策。与文化认同对群际信任的增益作用相反，当个体处于文化防御模式时，他们会对外群体产生消极的评价，增加个体对外来文化群体的刻板印象。同样，在文化防御模式下，个体会减少文化认同感，也是降低群际信任水平的因素之一。因此，从该角度来看，多元文化认同对群际信任会有消极的作用，即是损耗的路径。

由以上可以看出，在文化符号并存的情况下，个体对群体信任的建立是通过两条路径来完成的。如果个体能对文化进行很好的整合，那么将会提高他们的群际信任水平。反之，如果个体感受到更多的群际威胁，会对群际信任产生消极的影响作用。

五、当前研究中存在的问题

综合已有研究可以看出,现在有关文化混搭与群际信任之间的直接研究还比较少。但是有关文化混搭的相关研究还存在一些问题。

(一) 文化混搭的结构和维度

近 10 年来,文化混搭的相关研究已经受到很多研究者的关注,然而作为一个全新的领域,整体上来说,其相关研究还处于起步阶段。因此,该研究领域面临的首先问题在于文化混搭的概念及维度还需要进一步的细化、提炼和明晰。目前来看,研究者一般把文化混搭现象看作一种外部线索对个体的影响,如两种文化符号同时并存对个体心理和行为的影响。但是由于长期受到生长环境的影响,个体之间具有较大的异质性。不同文化下的个体与其他文化相遇时,本身可能就是一种文化混搭。因此,基于线索基础上的文化混搭与基于经验基础上的文化混搭在概念和内涵上有重要区别。另外,当前文化混搭研究还主要集中在中西方文化符号的混搭层面,但是对于其他方面的混搭研究还比较少。如从纵向的角度来看,不同时间阶段的文化混搭(传统文化与现代文化之间)。另外,文化混搭也是一种比较复杂的现象,不同地区、不同民族、不同学科之间都存在混搭,其结果特异性和普适性问题还没有解决。这些不同的层面的混搭效果是否有差异,不同的文化接触对个体的行为是否又存在交互效应?

然而,当前的相关研究并未对文化混搭的维度及内涵进行深入的探讨,因此为后续研究在操作定义上带来了困难。现在广泛使用的仍然是最初文献中所使用的实验材料,因此急需推动和深化新的实验材料以扩展文化混搭的领域。对于人际信任来说,传统文化与现代文化的混搭也会激发个体不同的思维模式。

(二) 文化混搭的方向

由以上分析可知,文化混搭是指两种文化符号同时并存的关系,目前研究对文化混搭的操纵主要是东、西文化下的并存。然而，这种并存结果与现实生活中的文化混搭还存在很大区别，因为现实生活中不同文化的混搭现象不一定是两种文化平等的结合。最可能面临的现象是一种文化符号的地位在上，另外一种文化符号的地位在下。我们可以推断的是，双方文化互相影响的方面对个体的思想和行为的影响会有显著的不同。

当前的研究主要关注文化输入对个体的影响，即外来文化对本国个体的影响，而关于本国文化输出对本国个体影响的研究还不多。已有研究表明，外国文化对本国文化的影响（文化输入）作用显著大于本国文化对外国文化（文化输出）的影响，最显著的指标之一如个体感知到的威胁感。这种威胁感会对个体产生较多的负面反应（Yang et al., 2011）。当然，这种影响受个体差异的影响很大，如文化自信。如果个体对本国文化有较高水平的文化自信，则文化混搭对个体的消极影响不大；若个体对本国文化自信低时，混搭带来的消极影响显著增加。如有研究通过实验室操纵的方法分别向中美被试呈现两种文化符号图片，随后请他们对来自对方文化国家的出版社进军本国市场事件的态度描述。研究结果发现，中国被试对文化的入侵感觉更加敏感，有更多的消极反应。最后，文化混搭的呈现方式也同样会影响个体的感知。赵娜等（2017）针对两种文化符号同时激活时个体的认知方式进行了探讨，当个体感觉到两种文化并存时感觉得到的威胁感显著低于感觉到两种文化是对立的水平。从上面文献梳理中可以看出文化混搭研究中关于不同混搭方面对个体的影响研究也还很少，因此相关研究不仅要考虑到混搭，对文化混搭的强度、方向等问题也需要引起学者的高度关注。

（三）微观研究与宏观研究

文化混搭对个体心理与行为的影响研究才刚刚起步。当前对其研究的主要范式为在实验室内进行，属于认知心理学范式。这些研究把文化看成个体的内隐知识共享，从微观上来看文化混搭与个体心理与行为的关系。然而，"文化"是一个宏观的、宏大的概念，同时也是一个抽象的概念。文化混搭需要解决的是一个宏大的课题，它需要探索全球化背景下不同文化间如何互动、并存、演进、进化的过程，以及这些过程又是如何影响个体心理过程和行为表现的。也就是说，当前从微观层面上的实验室实验，其结果的推广性、普适性还没有得到验证，同时由于实验室内文化混搭类型是否能推广到其他的相关研究中也不清楚。当下的中国面临着经济的高速发展，社会文化的转型，不同阶层在成长与分化，同时国家在各个领域都在与国际社会接轨。不同文化元素和价值观之间相互碰撞、相互渗透、相互影响和交融现象层出不穷，可谓是一个最佳的文化混搭"实验场"。基于当前还很少有采用宏观研究方法探讨文化混搭，未来的研究应该从宏观的视角出发，采用多层次研究方法对该问题进行探讨。同时，应该借鉴人类学、宗教学、社会学和哲学等其他学科的研究成果，采用大规模的社会调查、访谈、计算机模拟、大数据挖掘、现场观察等多种宏观研究方法，探讨文化混搭现象背后的文化心理过程。这样将会大大推动文化混搭领域的理论研究，同时也可以从实践上为当今中国社会心理变迁提供理论支持。

（四）研究结果不一致

虽然有关文化混搭的系列研究还不多，但是有关文化混搭对个体心理与行为的影响结果仍还存在着不一致的现象。例如有研究认为，当个体对本文化的自信水平高时，他们对本土文化价值观的认同度比较高，也具有较高水平的安全感。在这种前提下，个体对外来文化带来的价值观及其行为的排斥也会减少。然而，也有研究与此研究结果相反。以发展中国家的个体为被试，研究者首先请他们看一些本土文化下的高端品牌之后，反而提升了他们对本土文化的期望，对文化混搭的产品比较排斥（Cui et al., 2016）。有研究表明，在文化混搭背景下，双元文化启动对个体的认知具有"解冻"功能，能降低个体的认知闭合需求，提升人们对异文化的开放程度；但也有些研究发现，当启动个体的双文化时，个体的认知闭合需求却提升了（Kwan & Yan, 2016）。因为认知闭合是一个与信任具有密切关系的变量，因此文化混搭对认知闭合的影响方向也间接展现了文化混搭与群际信任的关系。双文化背景下，个体的认知闭合水平与群际信任水平密切相关。如果双文化启动降低了个体的认知闭合水平，那么可能对信任建立的风险影响不显著；相反，如果双文化启动提升了个体的认知闭合水平，那么将会降低个体、群体之间的信任水平。因此，对于当前的文化混搭的结果不一致需要进行深入的探讨和解释，需要考虑到研究范式、样本的差异，以及相关的调节变量和心理机制。对于这些问题的探讨将有助于深入理解文化混搭背后的心理过程。

六、研究内容

（一）研究目的

本研究目的在于通过文化启动的方法，在实验室情景内，初步探讨多元文化混搭对群际信任建立的影响。

（二）研究被试

本研究采用 187 名来自外国语大学的大学生被试，其中男性 85 名，女性 102 名，平均年龄为 21.6 岁（$SD = 2.10$）。由于本研究中被试的专业是外语，生活中也会接触到国外的学生及外国的文化，休闲时间会看国外题材和语言的电影，因此被试符合具有双文化背景的个体。被试按要求完成所有的实验任务后，会收到 20 元人民币作为实验报酬。

（三）研究设计与实验程序

本研究采用单因素（并列放置 VS 杂糅放置）被试间实验设计（彭璐珞，2012）。被试到实验室（单独的房间）后，被随机分配到以上三组操纵中。被试需要完成两部分任务。首先被试需要完成文化启动，其次需要完成对其他群体态度和信任倾向的评估。

被试到达实验后,首先请他们先休息 5 分钟,以保证后续的启动效果。然后,我们通过电脑屏幕向被试播放两种新闻信息(图13)。由于以往的研究中,对文化混搭进行了分领域探讨(物质性、象征性和神圣性),我们在本研究中选择的材料为物质性(即仅限于物质层面上的混搭)。阅读完新闻信息后,被试需要对这些新闻信息进行评价。整体启动时间大约持续 25 分钟。接下来,会对个体的文化认同和文化威胁采用问卷的形式进行测量。最后,我们请被试完成群体态度的测量。等被试完成所有的实验程序之后,我们向被试发放被试费、解释实验目的并向他们致谢。

图 13 文化混搭启动材料

(四)测量工具

1. 群体认同量表

改编自 Stephan 等编制的群体认同量表,来测量个体对其他群体的认同程度(Stephan et al.,2002)。该问卷共包括 8 道题目。本量表采用李克特 7 点计分,其中 1 代表一点也不认同,7 代表非常认同,得分越高,代表个体对其他群体的认同水平越高。该量表在本研究中的 α 系数为 0.79。

2. 群体威胁量表

群体威胁量表采用改编自 Stephan 等编制的现实威胁量表（同上）。该量表共包含 8 个题目，采用李克特 7 点计分，其中 1 代表"一点也不"，7 代表"非常"。总分越高，代表个体的现实威胁感越强。本研究中的 α 系数为 0.82。

3. 启动材料

本研究中采用彭璐珞（2012）实验中所采用的材料。两个实验材料都是从物质层面上的混搭，分别表现为两种符号并存和两种符号融合存在。具体的情景见图 13。

4. 因变量的测量

本研究的结果变量包括两个部分，即群际态度和群际信任。具体测量内容为：（1）你如何评价在中国的西方留学生？评价维度分别从热情、能力两个维度进行；（2）如果你在街道上碰到了一名国外的学生，他让你帮忙照看行李，你在多大程度上愿意帮助他？其中第 2 个问题代表个体的信任建立倾向，得分越高，代表个体对国外群体的信任倾向越高。

（五）研究结果

为检验文化认同和群际威胁在文化混搭和群际态度之间的双中介作用，我们采用 Mplus7.0 建构显变量路径分析模型。本研究采用稳健极大似然估计（robust maximum likelihood estimator，MLR），通过 bootstrap 法（本研究抽取了 1000 次）来检验中介变量的效应。

研究结果表明，文化混搭对个体的文化认同感具有显著的负向预测作用，$β = -0.26$，$p < 0.01$，99% 置信区间为 [-0.136，-0.334]，置信区不包括 0；个体的文化认同感对群际态度具有显著的预测作用，$β = 0.45$，$p < 0.01$，99% 置信区间为 [0.359，0.532]，置信区不包括 0。同时，文化混搭对个体感受到的群际威胁感具有显著的正向预测作用，$β = 0.27$，$p < 0.01$，置信区

间为 [0.141, 0.332]，置信区间不包括 0；而群际威胁感对群际态度具有显著的负向预测作用，β = -0.31，$p < 0.05$，置信区间为 [-0.369, -0.123]。研究结果还显示，文化混搭对群际态度的直接效应不显著，β = 0.09，$p = 0.17$，置信区间为 [-0.025, 0.152]。

具体到中介作用，数据分析结果表明，总体上说，文化认同感和群际威胁感在文化混搭和群际态度之间的作用是显著的，β = 0.14，$p < 0.01$，置信区间为 [0.030, 0.165]，置信区间不包括 0。也就是说，文化认同感和群际威胁感在文化混搭与群际态度之间的关系中起了 14% 的效应。具体到两条不同的路径来看，首先，文化认同感在二者之间的中介效应显著，β = -0.12，$p < 0.01$，99% 的置信区间为 [0.022, 0.051]，置信区间不包括 0。也即文化认同感在文化混搭与群际态度之间起到 12% 的效应。同样，群际威胁感在文化混搭与群际态度中间也然起到显著的中介作用，β = 0.08，$p < 0.05$，95% 置信区间为 [0.002, 0.018]，说明群际威胁在文化混搭与群际态度之间起 8% 的效应（见图 14）。

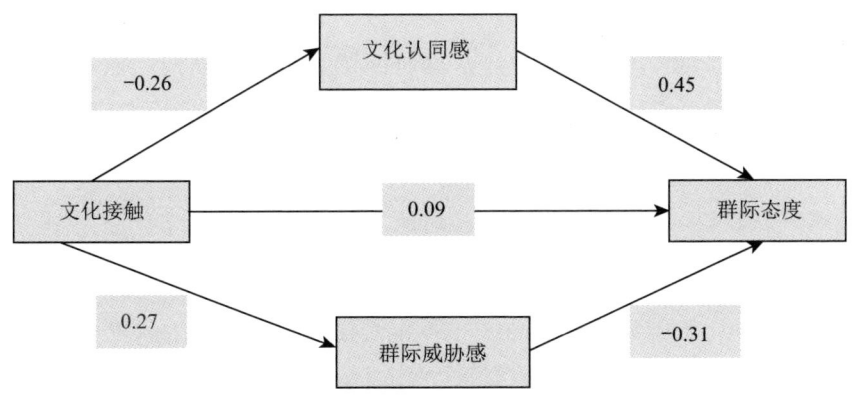

图 14　文化接触对群际信任影响的双路径模型

在个体的群际信任上，我们也得到了相同的研究结果。具体研究结果见图 15，在此不再赘述。

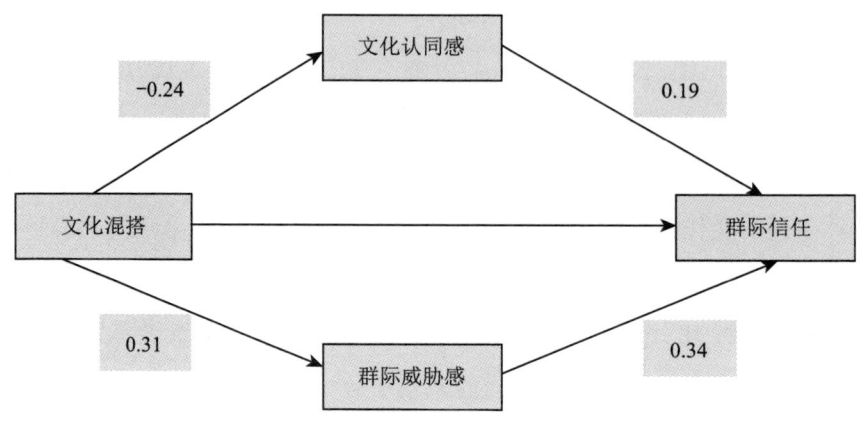

图 15　文化混搭对群际信任影响的双路径模型

（六）讨论

本研究采用实验室实验，通过对 137 名被试进行文化启动，测量了个体的文化认同感和群际威胁感。研究结果发现，文化混搭对群际态度和群际信任的直接效应不显著，但是文化认同感和群际威胁感在二者之间的中介效应显著，分别起到 13% 和 8% 的效应。本研究结果验证了我们的假设，即文化混搭通过两条路径对群际信任产生影响：一方面个体通过文化认同感增加对其他群体的信任，一方面通过感受到的群际威胁感降低对其他群体的信任感。首先，该研究结果丰富了文化混搭领域的相关研究。由于文化混搭是一个刚刚开始起步的新领域，因此研究领域所包含的范围还比较窄。本研究从群际关系的视角出发，探讨了文化混搭对群体信任建立的影响，扩展了以往的研究范围，丰富了相关研究理论。其次，本研究结果对当前信任危机的化解提供了现实启示。通过文化混搭影响群际信任和群际态度的两条路径可以看出，文化认同和群际威胁在其中的作用。从调节个体的文化认同水平和群际威胁水平两个角度出发制订应对信任危机的策略，能对当前信任危机的克服提供关键的理论支持。

在以往有关信任的研究中，多数研究内容聚焦在信任的文化差异方面。

虽然这些研究在某种程度上拓展和加深了对信任本质的理解，但是我们也可以发现，这些研究仅停留在反复对不同文化信任差异的对比上，处于"只破不立"的阶段。然而，随着经济的发展和社会的进步，人员、组织、资本、思想的流动跨越了地理、政治与文化的边界，全球化时代已经到来。个体同时面对不同的文化元素，产生了复杂的文化认同，原有的心理模式将被打破和动摇，人们的文化意识也将会改变，进而使传统的关系网发生变化。因此在这种文化背景下，研究者需要由"只破不立"向"先破后立"的阶段转变，从人类的深层次心理机制来考察人际信任水平及其建立有什么样的特点，会发生什么样的变化，人际信任的嬗变等问题。随着全球化的发展，个体已经出现了双文化认同、认同混乱和多元认同等现象。而有关文化认同的研究还主要集中在移民及少数民族的社会发展问题方面，对群体关系和群际信任的直接研究还不多。本项目中从多元文化的视角探索了群际信任建立的问题。研究结果表明，对于多元文化融合下的信任问题的研究是促进国家和民族实现国际化和全球化的重要环节，应该迫切受到心理学家的关注。

在群体交往中，"你"还是"我"区分出了个体的个性，而"我们"和"他们"则对不同的群体进行了区分。人们总是通过对自己所属群体和与群体成员关系来获得有关自我的概念。这种对群体区分对个体最直接的影响在于能让个体在不同情境下做出符合自己身份的事情。个体对自己群体成员身份正确认识的基础上，只有关于相关群体信息被个体广泛接受和理解才会对其行为造成影响。人是社会性动物，群体生活是文化中非常普遍的现象。社会群体能从很多方面满足人们的心理需要，以帮助我们应对各种压力源。马斯洛需要层次理论认为，身份和归属的需要是人类的第二大需要，人们也在一直努力追求归属感的需要。与之相反，如果遭到了社会排斥，则会给人们带来很多身体疾病和心理压力。因此，处理好不同群体的信息对个体的认知和行为有重要的作用，恰当地处理不同的群体的信息将会提高群际信任水平。一旦形成刻板印象，将对后续人际关系中风险的评估及信任水平都会有极大的消极影响。群体信息在刻板印象的形成过程中很重要，观察者由于对其他群体的了解不够全面，容易夸大部分特质的效应，导致偏差。以进城务工的农民工为例，他们对城里人的刻板印象在于聪明、精明，因此在相应的人际关系建立中也比较保守。社会各媒体也需要正确传播不同群体的正确信息。人际信任是在人与人之间的交往和互动中不断增强的，体现的是一种递增或者递减关系。群体内成员需要注意内群体的信息和编码，遵守相应的群体规范，享受共同的群体利益。

群体身份表征对群际信任的建立有着重要的影响。研究结果普遍认为，个体对自己的内部群体会有更高的信任水平，而对外群体经常会报有防御心理。因此，如果想要增加群际信任程度，尤其是不同群体之间、对外群体的信任程度，那么需要改变群体认知使内、外群体靠近。具体分析有以下几种方法。

1. 构建更高级的"共同体"

社会心理学研究者提出了共同内群体身份模型，提出人们可以通过构建一个更高级的、新的、共同群体身份，把以往的外群体成员知觉为内群体成员，寻找成员之间的相似性，缩减彼此的社会距离，这样可以有效地增加不同群体间的信任程度（Gaertner et al., 1993）。例如，自我表露（self-disclosure）常用来作为测量信任的指标。即当个体对他人信任水平比较高时，他们才愿意把自己的秘密暴露给他人。那么也就是说，当个体把他人看成与自己是共同体时，他们才愿意做出信任他人的决策，也即共同内群体身份有利于增加群际信任。

2. 弱化群体边界

弱化群体边界是增强群体之间的认同感的另外一种重要的方法。一般说来，在社会认同的基础上，个体的行为和态度都是由内群体的标准进行的，遵守相应的群体规范。因此，若要增加群体之间的信任程度，改善对外群体成员的态度，就需要弱化本群体的标准和规范，弱化群体之间的边界，达到不同群体的融合。当前已经有一些研究可以给我们提供一些借鉴，如通过交叉类别的方法来降低群际界限的凸显性（Vescio et al., 2004）。交叉类别的方法是通过对个体的身份类别进行操纵,如某人在某一身份的类别上可能是内群体成员,但是同时在其他身份类别上又是某外群体成员,人们需要在不同的类别中间寻找一个平衡。这也是交叉类别范式能增加外群体成员信任程度的基本原理。通过交叉分类,可能使个体的社会分类变得更加复杂,有利于降低群体之间的对立和差异。

3. 激活群体身份复杂性

为了提高个体的身份认同,也可以通过激活个体的身份复杂性来实验。当前研究认为,群体复杂性有利于提高群体的信任水平。社会身份的复杂性是指个体对不同内群体身份之间的关系所表现的一种主观表征的方式,反映了个体对自己不同身份所感知到的重合程度(Brewer & Pierce,2005)。通过激活个体的不同身份有利于提高群体信任水平。社会身份复杂性高的个体一般对身份的界限会变得更加"模糊"。他们不仅可以意识到自己在某个群体的身份类别,也能认识到他们可能属于另外一个身份类别的内群体成员(辛素飞,辛自强,2012)。现在研究认为,多重社会归类是一种改善群际信任和群际关系的社会认知机制。

Allport(1954)在群际接触假说的基础上提出了群际接触理论,该理论对群际接触的条件和作用都进行过深入的探讨。该理论指出,不同的群体之间之所以会产生偏见,根本原因在于不同群体间缺乏足够的了解和信息,进而产生了刻板印象而形成的。为了消除刻板偏见,增加对外群体的认知和纠正负面的刻板印象,群际接触是一种有效的方法。与其他群体在最合适的条件下进行充分的接触,是增加群际信任的最好方式。相关研究认为,不同群体通过与外群体进行频繁的互动,在互动过程中可增加对外群体的认知,了解更多的信息以获得更多的经验。在互动的过程中,群体将会减少不同群体之间关系的不确定性,降低对他人评估的风险,从而达到增加群际信任的目的。因此在这种条件下我们可以通过在适当的条件下去增加不同群体间的接触机会,不断鼓励不同的成员之间的社会互动来增进不同群体间的群际信任。在相关理论基础上,目前已发展出想象群际接触、拓展群际接触和直接群际接触三种方式。现在已有相关理论研究证明这三种群际接触形式对于提升群体信任具有显著的影响（Vezzali et al.，2012）。在建设和谐社会的发展背景下，改善这三种群际接触方式对于增强群际信任具有重要实际意义。

群际间的直接接触——直接、面对面的接触是最直接的方法，它需要满足几个不同的关键条件（Pettigrew & Tropp，2006）。第一，不同群体的成员需要处于平等的地位，在进行群际接触时需要以平等的身份进行。第二，要有共同的目标。不同的群体人员要通过共同努力、相互合作达成共同的目标，当然只有在合作型的群际关系中共同目标才有可能会发生。第三，群体间的接触需要有法律和制度的支持。例如，在城镇化进程中，随着农民工越来越多地涌入城市，农民工和城市居民不可避免地会发生群际关系，而二者之间的信任程度又会直接对群际关系的和谐产生影响。由以上几点可知，为了增加不同群体之间的信任，国家和社会需要为不同的群体创造群际接触的条件。具体措施如增加不同群际接触的舆论支持，降低不同群体对对方评估的偏差。

很多情况下，群体面对面接触的机会比较少。为解决这种困境，我们可以尝试采取拓展群际接触形式来增进内群体对外群体的信任，也是一种间接的接触形式。如果个体所处内群体中有一个朋友是外群体的，即有可能会改善其他内群体成员和自身对其他群体的态度（Hewstone，2009）。间接的群际接触形式对于实践具有一定的启发作用。例如，我们可以鼓励内群体的成员多包容，鼓励与不同群体人员交朋友，增加内群体成员在外群体成员朋友的数量，扩大交往群体，减少对外群体的偏见。举例来说，在群体信任建立问题上，若一个中国人有来自不同国家的朋友，那么这个中国人对不同国家的情况会有较好的理解，对此也会增加他们对不同国家的信任程度。虽然不能直接面对面接触，通过这种间接的接触方法也同样会增加群际信任。

除了面对面的群际接触及间接（拓展）的群际接触之外，想象的群际接触方式是另外一种间接的群际接触方式。这种接触形式是一种间接的想象，即内群体的个体从心理层面上想象着与其他群体的个体进行互动的场景。仅通过想象就可以改变个体对外群体成员的态度和行为（Turner & West，

2012）。这种想象接触是可以达到目标的，一般通过个体训练来达成。同样，该训练也可以通过集体训练达成，可以通过图片、视频等方式同时呈现不同群体间的交互过程，增加群际的信任水平。

第八章　研究六　信任研究范式的文化探讨

贡喆等人最近针对"信任博弈范式真的能测量信任吗?"这一问题进行详细的分析和探讨,对当前常用的信任范式进行了解析(贡喆,2021)。他们认为尽管信任博弈有着自己的缺点,但仍然是较为适宜的研究范式。然而,我们认为仍需要考虑的一个问题在于,当前的研究范式通常用金钱的数量来衡量信任的水平。依据"经济人"假设,信任行为其实就是一种在风险情景下的投资行为。尽管人们的信任受到道德、情绪、规范等的影响,但是对物质财富追求的动机也是不可忽略的。那么现在很多研究中所采用的信任游戏,多数是用金钱数量作为信任的指标进行测量。那么,在当前的经济发展背景下,金钱是一个好的衡量指标吗?金钱的概念是否具有文化差异?在本项目中,我们想对人们的金钱观和挣钱动机进行探讨。

尽管动机在心理学研究中是非常受重视的一个概念,然而有关人们的挣钱动机还是一个被忽略的领域(Zhao et al.,2021)。工具/药物理论(tool/drug theory)认为,金钱不仅是一种工具,更代表着一种社会身份,同时对自己也具有保护作用,起到一种"药物"的作用。目前西方有关金钱的研究很多,大部分结果都认为对金钱的过度渴望会造成一系列的消极影响。基于中国经济发展状况,以及人们在过去所面临的极大物质贫困,使得金钱作为一种重要的资源在人们心中的地位不可被替代。中国人对金钱的需求和评价具有独特的文化特点。针对挣钱动机的探讨，兰德瑞在 2016 年编制了 30 道题目的挣钱动量表，共分为 10 个维度。后来的二阶验证性因素分析又把上述动机进一步简化为三种挣钱动机，即基本挣钱动机、自我一致挣钱动机与不一致的挣钱动机（Landry et al., 2016）。他们的研究发现，仅自我一致的挣钱动机对人们的生活满意度具有显著的预测作用，而自我不一致的挣钱动机对个体的生活满意度有消极的影响。但是依据于金钱工具/药物理论，金钱在特殊的情景下将会失去其工具性作用，而发挥其药物的作用。在短期内，金钱可以让人快乐，并给个体很大奖赏。因此，我们提出：

假设 8：基本挣钱动机、自我一致挣钱动机、自我不一致挣钱动机对生活满意度都具有正向的预测作用。

一、子研究一 信任测量的金钱指标工具验证

在上述所有的研究中，我们采用了一般信任量表、认同信任量表、算计信任量表、自编的信任情景、投资游戏及囚徒困境等多种实验方式来对信任进行测量。我们可以发现，当我们把信任当作一种人格特质时，可以用问卷测量。但是这种人格特质一般不容易改变。那么在实验室操纵时，如果用情景实验，包括常用的投资游戏等，金钱通常是用来代表信任的指标。在中国文化背景下，金钱所代表的意义与其他文化下有可能会不同。因此本研究想尝试在中国文化背景下，探索金钱对于个体的意义。通过对该问题的探究，方便对未来信任研究的范式进行改进。

（一）研究被试

本研究采用随机抽样的方式在线招募了 421 名被试（其中男性 195 名，女性 226 名）。被试的平均年龄为 28.97 岁（$SD = 7.27$）。我们请被试完成包含 30 道题目的挣钱动机量表，同时也向被试发放知情同意书，所有的填写都是匿名的，并向被试承诺所有的数据仅为研究分析所用，被试可以随时选择退出调查。每个完成任务的被试我们都会发放 5 元的被试费作为报酬。

(二) 研究工具

我们采用挣钱动机量表来测量个体的挣钱动机（Landry et al., 2016）。该量表共包含 30 道题目，包含 10 个维度（安全动机、养家动机、市场价值动机、骄傲动机、休闲动机、慈善动机、自由动机、冲动动机、证明自己动机及社会比较动机）。后来有研究者把这 10 类动机进行了二阶验证因素分析，提取出三个因素，即基本挣钱动机、自我一致性挣钱动机和自我不一致性挣钱动机。量表的代表性题目如："为了培养孩子上大学""为了有能力丰富自己的休闲时光，如诗歌、文学、摄影、绘画、音乐等"。该量表采用 1—7 点计分，其中 1 代表"一点也不重要"，7 代表"非常重要"。被试在所有维度上的总得分越高，代表他们的挣钱动机越强烈。

(三) 研究结果

首先对回收的数据进行了验证性因素分析，以获得在中国文化下挣钱动机的维度。我们使用 Mplus7.0 来进行。一阶验证因素分析结果表明，整个数据的拟合指数基本达到了统计学要求，$\chi^2 = 1,059.08$，$df = 350$，$CFI = 0.83$，$TLI = 0.79$，$RMSEA = 0.07$，$SRMR = 0.08$。但是从这些拟合指标上可以看出，本模型的拟合指数仍然没有达到统计学标准。考虑到部分题目有可能存在文化差异，因此我们对这些条目进行了具体分析。分析结果发现有的条目的因子载荷特别低，如"挣钱是为了赌博"，该题目在本结果中的因子载荷为 0.27。我们认为这道题目可能是不适合中国的文化环境和文化规范，因此我们删除了这道题目。另外题目 9 "为了从奢侈品（车、房）购买中获得快乐等"在原量表中归属于休闲的动机，但是在本研究中结果显示应该归属于"冲动"动机。因此在我们的研究中把该道题目归属于"冲动"动机。对项目进行重新分类后，我们再次对调整后的动机量表进行了验证性因素分析。数据分析结果发现，模型拟合指数完全达到了统计学指标。$\chi^2 = 626.66$，

$df = 295$,$CFI = 0.95$,$TLI = 0.92$,$RMSEA = 0.04$,$SRMR = 0.04$。也就是说，修订后的包括10种挣钱动机的量表在统计学指标上完全达到了可接受的水平。

随后我们对上述10种挣钱动机进行了二阶验证因素分析。结果同样得到了三个二阶因素，即基本生活动机（安全动机和养家动机），自我一致性动机（慈善动机、市场价值动机、自由动机、骄傲动机和休闲动机），自我不一致动机（社会比较动机、冲动动机和自我肯定动机）。二阶验证因素分析的拟合指数如下：$\chi^2 = 792.61$，$df = 327$，$CFI = 0.91$，$TLI = 0.89$，$RMSEA = 0.05$，$SRMR = 0.05$。

（四）小结与讨论

本研究通过问卷调查，对已有问卷进行了验证性因素分析。通过对问卷的题目进行适当的修订，最终各方面的指标已达到了测量水平。随后我们将使用该问卷对中国文化背景下个体的挣钱动机对个体的影响及机制进行探索。

二、子研究二　信任测量工具的文化差异

（一）研究目的

本研究在子研究一修订量表的基础上，采用大样本的测量，来探讨挣钱动机对个体生活体验的影响。本研究中所采用的指标是生命意义和生活满意度，并进一步探讨挣钱动机与生活体验之间的机制问题，以期从文化的角度来看挣钱对中国个体的意义。

（二）研究被试

本研究采用随机取样的方法，在中国的31个省市共获得5911份普通民众的有效样本（$M = 35.19$，$SD = 10.69$）。其中男性2821人（47.7%），女性

3017 人（51.0%），73 人性别数据缺失。已婚 3955 人（66.9%），未婚 1713 人（29.0%），离异、丧偶及未填写此项的共有 243 人（4.1%）。本科及以上的有 2274 人（38.5%），大专 1336 人（22.6%），高中（含职高）及以下的共 2301 人（38.9%）。由于目前我国的户籍制度仍然是城乡两元化，因此研究也调查了样本的户口信息，有效的 5911 份样本中非农业（城镇）户口有 3876 人（65.6%），农业户口及未填写的共有 2035 人（34.4%）。本研究中的被试需要完成挣钱动机、归属感、生命意义及生活满意度问题。我们向被试保证本研究所获得的数据仅供本研究所用，所有被试对问卷的填写都是出于自愿目的并可以随时退出该实验。为了取样的均衡，我们在 31 个地区分别招募了 31 名志愿学生作为调查员，并进行了统一培训。另外，每个被试在做完研究任务时都会获得 10 元人民币及一个小礼物作为答谢。

（三）研究工具

1. 挣钱动机量表

本研究采用已有的挣钱动机量表，同时也在本研究中的子研究一中进行了验证性因素分析。验证性分析结果表明，量表的各项指标都达到了测量学的水平。我们采用挣钱动机量表来测量个体的挣钱动机（Podoshen, Li & Zhang, 2011）。该量表共包含 30 道题目，包含 10 个维度（安全动机、养家动机、市场价值动机、骄傲动机、休闲动机、慈善动机、自由动机、冲动动机、证明自己动机及社会比较动机）。后来又有研究者把这 10 类动机进行了二阶验证因素分析，提取出三个因素，即安全动机、自我一致动机和自我不一致动机。代表性题目如："为了培养孩子上大学""为了有能力丰富自己的休闲时光，如诗歌、文学、摄影、绘画、音乐等"。该量表采用 1—7 点计分，其中 1 代表"一点也不重要"，7 代表"非常重要"。被试在所有维度上的得分总分越高，代表他们的挣钱动机越强烈。该量表在本研究中的 α 系数为 0.90。

2. 归属感量表

本研究用已有的归属感量表来测量个体的归属感。该量表共包括10道题目,代表性题目如:"如果其他人不接受我时,我会感觉受到了伤害。"量表采用1—7点计分,其中1代表"完全不同意",7代表"完全同意"。被试要在这个量表上标出在多大程度上赞同这些表现。该量表在本研究中的α系数为0.72。

3. 生命意义量表

本研究采用生命意义量表来测个体的生命意义体验。该量表最初由斯帝格等（2006）编制,并由戴晓阳（2008）在中国背景下进行修订。该量表包含两个部分,即生命意义体验和生命意义追求。代表性题目如:"我了解我生命的意义""我经常在寻求我生命的意义"。本研究采用李克特7点量表计分,其中1代表"完全不同意",7代表"完全同意"。分数越高代表人们体会到的生命意义感越高。本量表在本研究的α系数为0.79。

4. 生活满意度量表

本研究采用已有的生活满意度量表来测量个体的生活满意度（Diener et al.，1985）。代表性题目如:"我对我的生活非常满意"。请被试在这些题目上标注他们在多大程度上同意或者不同意这种说法。其中1代表"完全不同意",7代表"完全同意"。分数越高代表个体的生活满意度越高,本量表在本研究中的α系数为0.84。

（四）研究结果

1. 描述性结果

本研究的表述性统计分析分别见表13和表14。表13呈现了本研究变量的平均数、标准差、偏度、峰度及研究工具的α系数等信息。从表13可以看出,在三种动机中,基本动机的得分最高,自我不一致动机得分最低。说明在当前社会经济情景下，本批被试挣钱的主要动机还在于挣钱养家，满足基本动机。由各个变量的偏度、峰度系数可以看出，本研究中所包括的变量都属于正态分布。

表13 本研究数据变量的平均数、标准差、偏度、峰度和α系数

	平均数	标准差	偏度	峰度	α系数
基本动机	5.01	1.18	-0.31	-0.32	0.70
自我一致动机	4.79	0.92	-0.00	0.00	0.85
自我不一致动机	4.12	1.21	-0.07	-0.08	0.80
归属感	4.42	0.82	0.18	1.10	0.72
生命意义感	4.52	0.92	-0.03	0.41	0.79
生活满意度	4.04	1.30	0.11	-0.27	0.84

表14 研究变量的相关系数表（$n=5911$）

	1	2	3	4	5	6	7	8	9	10	11
控制变量											
年龄	1										
收入	-0.09	1									
婚姻状态	-0.47**	-0.18**	1								
社会地位	0.20*	0.19**	-0.01	1							
教育水平	0.17*	0.25**	0.05**	0.17**	1						
自变量											
基本动机	0.09*	0.02**	-0.09**	-0.04**	0.01	1					
一致性动机	-0.05	-0.05**	0.06**	0.06**	0.04**	0.53**	1				
非一致动机	-0.13**	-0.02	0.08**	0.10**	-0.01	0.31**	0.46**	1			
归属感	0.03	0.01	-0.03	0.04**	-0.001	0.27**	0.30**	0.24**	1		
生命意义感	-0.03	-0.01	0.02	0.09*	0.05**	0.31**	0.51**	0.31**	0.33**	1	
生活满意度	0.10*	0.12**	-0.08**	0.20**	0.12**	0.11**	0.21**	0.09**	0.17**	0.30**	1

2. 相关结果

本研究中所包括的控制变量及所有变量的相关系数见表14。从表14可以看到，婚姻状态、社会地位和教育水平与挣钱动机都有显著的相关，因此在后续的数据分析中把这些变量纳入模型，作为控制变量进行分析。三种挣钱动机与生活满意度和生命意义感都呈显著正相关。具体来说，一致性挣钱动机与生命意义的相关最高（$r=0.51$，$p<0.01$），而基本生活动机（$r=0.31$，$p<0.01$）与非一致性挣钱动机（$r=0.24$，$p<0.01$）与生命意义的关系呈中等程度的正相关。整体上看，与西方文化下的研究结果不同，三种挣钱动机与生命意义感都有不同程度的正相关（相关系数从0.31到0.51）。同样，三种挣钱动机与生活满意度也有不同程度的相关（相关系数从0.24到0.30）。西方相关研究认为，对金钱的过度渴望对人们的生活体验、身心健康是负向影响的。然而，从本研究的数据来看，10种生活动机对人们的生活体验是有积极意义的。

3. 中介效应模型验证

采用Mplus7.0，我们通过建构结构方程模型来检验中介模型。本研究主要探讨不同挣钱动机与生命意义之间的关系，同时进一步探讨二者关系的中间机制，即归属感和生活满意度的链式中介作用，采用bootstrap 1000次，并取95%的置信区间，如果置信区间不包括0，我们就可以推断中介模型是显著的。数据显示，在控制收入，婚姻状况和教育水平之后，结构方程拟合良好，$\chi^2(df=2)=3.65$，$\chi^2/df=1.82$，$CFI=0.99$，$TLI=0.99$，$RMSEA=0.01$，$SRMR=0.003$。

本研究验证了几条显著的间接效应。首先，基本生活动机通过归属感和生命意义感对生活满意度影响的链式中介作用是显著的，估值$=0.036$，95%CI [0.022, 0.050]，$p<0.01$。同样，自我一致性动机通过归属感和生命意义感对生活满意度影响的链式中介作用也是显著的。然而非自我一致性对生活满意度的链式中介作用不显著（具体见图16）。

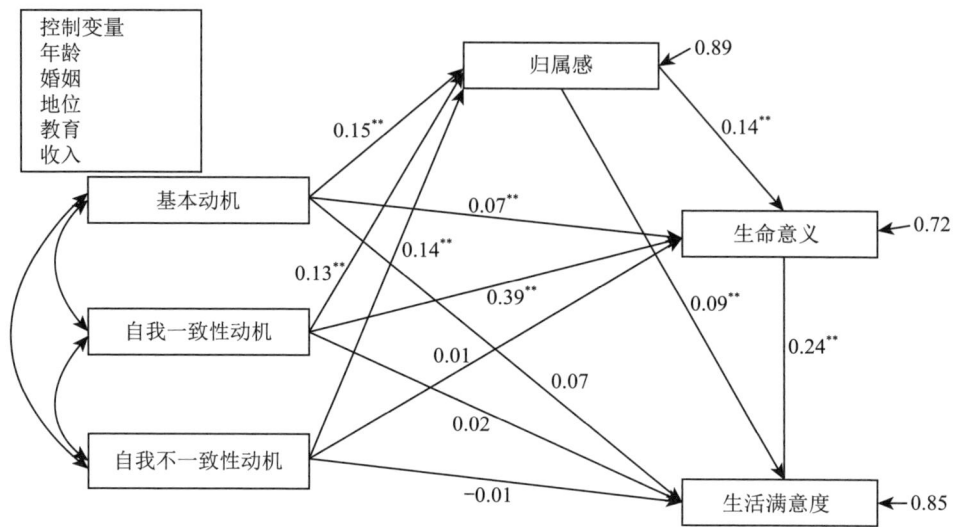

图 16 归属感和生命意义在挣钱动机与生活满意度之间的链式中介作用

（五）结论与小结

在当前经济快速发展的背景下，本研究首次使用挣钱动机量表来验证挣钱动机与生活体验的关系，并进一步探讨了其中的机制。我们通过对来自 31 个省市的 5911 名被试进行调查。研究结果显示，3 种挣钱动机与生活满意度都具有显著的正相关，其中归属感和生活满意度在其中起着链式中介作用。

本研究结果与西方研究结果存在差异。在西方已有的研究中，大部分研究结果都认为对金钱的过度需求是对人的身心健康不利的。对金钱的过度渴望可能会降低个体的生活满意度，增加焦虑感等。然而，本研究结果却发现不同的挣钱动机对个体的生活体验（生命意义）都呈正向预测作用。人们认为努力挣钱是一件很有意义的事情。我们认为这种结果存在差异的原因很可能是因为金钱在不同的文化下所代表的含义不同。卡尼曼在其著作《思考，快与慢》中提到，人们对金钱的态度是存在文化差异的。在中国当前的经济发展阶段，人们有可能会把金钱看作是一种社会身份的象征，也是使得自己获得资源保护的一种途径。除此之外，结合中国特殊的文化背景，如面子、地位等特征，金钱在某种程度上也是这些元素的象征。依照金钱的工具/药物理论，金钱可以使人获得一种短暂的兴奋，像药物的功效一样。本研究结果还说明挣钱动机是通过增加个体的归属感和生活满意度来影响他们生命意义感的。

本研究结果具有一定的理论和实践意义。首先，它加深了我们对金钱的工具/药物理论的理解。在我们的样本中，他们对金钱的工具性作用是高度认可的（如挣钱养家动机）。对于大部分中国人来说，人们还没有达到特别富裕的水平。从这个视角上看，金钱可以通过满足人们基本的生活需要和渴望来提高他们的生活满意度。然而，基于本研究所提到的另外两种挣钱动机仍然对生活体验起到积极作用，我们认为这是金钱的"药物"的作用在当前社会经济阶段比较突出。作为一种药物，人们可能会对它上瘾和沉迷（如我要买比邻居大的房子）。金钱用一种特殊的方式对人的大脑起着奖赏的刺激。其次，本研究结果有利于我们重新思考金钱的意义。金钱到底起到什么样的作用及如何发挥这种作用的？我们发现，金钱可以提高人们的归属感，有进一步提升人们生活满意度及生命意义感的作用。再次，本研究有利于帮助我们更好地理解生活满意度和生命意义感这两个既交叉重叠又各自独立的概念。生活满意度更强调个体当前情绪的评估，不考虑过去和未来。生命意义感则是综合过去和将来而获得的一种体验，即使是消极情绪也有可能会给个体带来意义感。

当然，本研究也存在一些局限。首先，本研究是横断面研究，不能揭示因果关系。如果金钱具有"药物"的作用，那么这种作用是短期的还是长期的？若是短期的，那么能持续多长时间？从长远的角度来看，强烈的挣钱动机的影响有可能是消极的，比如会减少人们的亲社会行为等。另外，人们对金钱的过度渴望使人们忽略了生活中其他更有意义的事情，如陪伴孩子和家人等。因此本研究结果的有效性需要纵向数据来进一步验证。另外，本研究的数据来自 31 个省市,而各个省市的经济发展情况是不相同的。我们的研究没有考虑到二层变量在挣钱动机上的差异。未来的研究可以尝试从二层变量出发,进行跨层数据分析,以得出更有意义和深入的结论。

第九章　综合讨论

本研究从文化的视角出发，结合社会情景理论，对人际信任建立的影响因素及边界进行了探索。本研究从本土文化元素（人情、关系）、文化符号变迁（传统、现代文化）到居住流动性引起的人际关系网变化、刻板印象的作用及测量信任的范式等五个方面对文化变迁背景下人际信任的建立这一议题进行了综合探索。从研究方法上看，本研究采用问卷测量法、实验室实验法、情景测验法、跨层数据分析等多种方法。另外，我们不仅考虑了个体水平因素，也考虑了群体水平因素，从微观的实验研究到宏观的数据调查，采用多视角、多角度、多方法、多层次相结合的研究逻辑。通过对文化变迁下个体信任建立的问题进行的探索，有利于帮助我们更好地理解全球化背景下人际信任的建立问题。

一、从文化视角探索信任建立的必要性

西方的人际交往行为及交易法要求每个个体依据自我的利益做出理性的决定。然而，受儒家思想的影响，中国文化背景下的个体与西方社会个体所遵循的法则有所不同。中国人在人际关系上有自己的行为规范，同时这些行为规范与"差序格局"交织，使得人际关系变得更为复杂。这种复杂的人际关系又会随着经济、社会、文化的变迁而发生改变。

以往研究通常采用一般信任感量表测量人际信任水平，得出了中国人的

信任水平相对低于西方文化下个体的信任水平的结论。然而,从文化的视角出发,我们认为这可能是由于不同文化下信任的表达形式不同。不同类型的信任在不同社会文化情景下的表现形式存在差异,不能按照绝对水平的高低进行比较。中国人际信任建立的方式更加灵活,有亲疏远近的差别。正因为如此,人们对关系近的对象认同信任水平比较高。若用认同量表来测量信任水平,甚至有可能得出东方文化下个体的信任水平高于西方个体的结论。另外,中国人在信任的建立过程中属于"慢热型",他们需要通过长期的交往和了解,直到发现对方有值得信任的证据时,才决定自己是否要做出信任的决策;而西方文化下的个体,他们通常在人际交往初期就有比较高的信任水平,能快速地开启一段人际关系,直到他们发现对方有不值得信任的证据时,信任关系才会终止。当中国文化下的个体在信任受到破坏时,通常更渴望对方的口头道歉,需要更直接的表达,而相关的赔偿是不那么看重的。相反,西方文化下的个体可能更关注由于失信而带来的损失,需要有相关的经济赔偿。

通过以上分析可以发现,无论是在信任的概念和类型上,还是在信任建立的方式及信任修复方式上都存在文化差异。现在的大部分信任相关的研究仍然是直接采用西方研究中的概念、范式、测量方法等,因此得出了很多不一致的研究结果。我国的人际信任有着深远的文化和历史基础。

二、文化变迁对信任建立的影响

随着经济与社会的发现,文化的变迁与转型,各领域学者都开始关注到现代化对个体的思维、理念、价值观、行为、态度等的影响,最近几十年也成为研究者所关注的焦点。全球化加强了世界范围内人们的社会关系,使全球的社会关系得到了强化。它以一种特殊的方式将遥远的距离和地域相联系起来。也就是说,全球化使不同社会情境和不同地域之间的个体形成了独特的联接方式,跨越了世界的距离。与此呼应,中国社会也正经历一场巨大的变迁,无论是政治环境、经济环境、居住环境还是人际环境都在发生巨大的变化。这场变迁对个体和群体、社会和文化心理都会有重大的影响,也对社会心理学者们提出了巨大的挑战。随着文化的变迁,传统的二元结构社会逐步被打破,由原来相对封闭稳定的社会开始变成流动性社会,由熟人社会变为生人社会。社会结构的体系、观念要素等也变得更加复杂化和多元化。

在这种变迁过程中,是不是直接由传统文化就变成了现代文化呢?费孝通用"你来我去,我来你去,我中有你,你中有我,而又各具个性的多元统一体"来形容变迁中多元一体的格局。人们对于中国传统文化中的孝顺、报、面子文化等核心文化要素的认同正在发生着改变。但是这种改变不是全盘的。相关研究发现,虽然受到全球化和西方价值观的输入的影响,但是香港人的价值观形态并没有被"全盘西化"。他们在接受西方价值观的同时,也依然尊承传统文化中的爱国、勇敢、正直、孝顺和自我牺牲等。另外,郝福斯塔德和邦德的研究也同样发现,中国香港被试在"儒家工作动力"因子上的得分显著高于美国被试,仅略低于中国大陆的被试。本书中研究二中的子研究二和子研究三的结果验证了这一观点。研究结果发现,在传统文化启动组,个体的认同信任显著高于现代文化启动组的认同信任;而在现代文化启动组中,尽管个体的算计信任高于认同信任,然而这种结果不显著。这一结果说明,在现代化进程中,个体虽然受到现代化的影响,但是传统文化有很深的痕迹,个体心理处于传统文化和现代文化交织并存的状态。

知识的不确定性可能会导致人们失去控制感。为了弥补这种控制感的缺失,人们对大自然、金钱、物质等元素的需求也许会更加强烈。因此,未来的经济环境和物质丰富程度会带给人们关于追求幸福、自我表达、生存和安全等不同的体验。从文化变迁的视角重新审视中国人的人际关系,可以为正确理解本土文化下的信任问题提供新的思路和新的研究方向。

三、居住流动性与人际信任建立

近几十年来,人口迁移问题是世界范围内社会科学研究的热门话题。人们居住地发生的变化,可能会导致不同文化价值观同时出现在一个时间段。

多元文化视角下人际信任的建立

相关研究认为，其他文化的冲击对个体的社会适应会有很大的影响，如降低认同感，影响个体的人际关系等。有日本学者认为信任的东、西方文化差异与两个不同的社会结构有关。在流动性低的社会环境中，大家相互熟悉，相互监督，不怕被骗，社会认同信任会给个体带来安全感和确定感。但是在高流动性社会，与陌生人打交道更多，人们之间的人际关系则需要靠一般信任来维持。

传统文化中一般以夫妻、家庭、村庄等为基本生存单位，人们很重视自己在整个集体中的作用。随着中国二元结构的变化，人们的流动也开始增多。在这个过程中，家庭住址、地理位置的重要性逐渐降低。人们也开始变得更为自己考虑，在决策中更尊重自我选择。尤其是居住流动性的变化，带来了不稳定的人际关系，使人们的集体属性向个体属性转变。人际信任建立过程中，人们需要对其中的风险进行评估，为了减少损失做出不合作行为。其次，研究也发现，居住流动性会影响他们对自己身份的认知及投入程度。居住地的流动使社区或者团体的构成经常发生改变。因此，人们会相对缺乏投入，甚至脱离某个群体的身份。

在居住流动性的众多影响中，最关键的因素是人们的社会关系。对于流动性频繁的人们来说，他们对社会交往的态度虽然广泛，但是不深入，范围大，但是付出的努力不多。因为当他们的交往范围广时，他们不必对每个交往对象都有相同的付出。因此，居住地的变化，更可能促使个体形成一种广泛、多样化、随意的社会关系。这种关系具有灵活性，但是缺乏真诚与信任。当然，居住流动性对人际信任建立所造成的影响并不是一成不变的，也存在着较大的个体差异，如个体的认知方式。当个体对模糊性的追求和容忍较低时，这种消极的影响不明显；但是当个体对模糊性的追求和容忍较高时，这种影响会比较明显。如何应对和消解由居住流动性对人际关系造成的影响是我们急需关注的问题。如何改变他们与社区与团体的关系，增加对团体的付出，建立个体与团体的联结，增加个体的认同感等是接下来需要关注的问题。

四、信任研究中存在的问题

（一）信任的融合问题

通过上面的理论综述和数据分析可以看到，已有信任相关的研究在某种程度上拓展和加深了对信任的理解。但也可以看出，目前研究更多关注不同文化下信任的"差异"点，停留在对不同文化下信任差异点的对比，处于"只破不立"的阶段。随着经济的发展和社会的进步，人员、组织、资本、思想的流动跨越了地理、政治与文化的边界，全球化时代已经到来。个体同时面对不同的文化元素，将会产生复杂的文化认同，原有的心理模式将被打破和动摇，人们的文化意识也会发生改变，传统的人际关系网也会发生变化。在这种文化背景下，研究者需要由"只破不立"向"先破后立"的阶段转变，从人类的深层次心理机制来考察人际信任建立的特点，人际信任的嬗变等问题。随着全球化的发展，个体可能会出现双文化认同，认同混乱甚至多元文化认同等现象。不同的认同方式在人际信任建立中扮演什么样的角色？多元文化背景下，个体的情绪、压力、认知方式的变化对人际信任的建立有什么影响？当个体感知到多元文化的并存时，个体的信仰、价值观、信念系统、人生观、道德观或世界观会如何变化？这种变化对于信任的联接和建立又有什么影响？若对异文化有防御心理，个体的消极情绪、刻板印象、威胁感在其中又起着怎么样的调节作用？由此可见，多元文化融合下的信任问题研究是促进国家和民族实现国际化和全球化的重要环节，应该迫切受到心理学家的关注。总体来说，当前对中国人信任行为的研究还比较少，研究多数是通过照搬西方信任研究的结论和观点来看待中国人，而不是依据中国自身的社会文化体系来探讨中国人的信任行为。因此针对中国特殊文化下开展的本土化信任研究，对本土文化视角下对信任进行深入的探讨将具有深远的意义。

目前有关的信任研究主要集中在组织管理学领域，组织信任是信任研究的一个重要的分支。但是对于人与人之间信任的建立、维持、破坏与修复的研究还相对比较少。部分信任研究中，又侧重于对人与人之间信任的建立和维持上，较少关注信任的破坏与修复，而且方法比较单一。与西方人际信任的建立不同，中国人建立信任过程比较慢，占用的资源比较多。如何维持来之不易的信任？如果信任一旦被破坏，哪些修复方式能在中国文化背景下起作用？是偏感情的策略还是偏理性的策略？是语言道歉还是经济赔偿？如何维持一段人际关系及信任破坏后如何修复会比较有现实意义？随着科技的发展和科技的进步，实体信任与虚拟信任问题需要学者们多加关注，未来研究须扩大信任的研究范围，如网络信任。网络信任与传统意义上的信任一脉相承。从社会学角度来看，网络信任是个体为适应复杂网络环境而产生的一种简化策略；从心理学角度来看，网络信任是根植于个体心理发展过程中的一种信念。互联网持续发展过程中，相关问题也随之出现，如垃圾邮件、网络犯罪，互联网安全，互联网知识产权，网络恶搞，恶意软件等。互联网面临普遍的信任缺失，网络信任成为亟待解决的问题。随着电子商务的兴起和普及，一些学者从技术角度研究网络信任问题。微信、QQ、微博等社交媒体的发达，网络交互日益频繁，淘宝、拼多多、抖音等交易平台的活跃，让人们需要重新评估风险。从心理学的角度看，这些变化对个体和社会又意味着什么？其内部机制又如何？竞争和合作都是对现有社会资源的一种整合。如何加强虚拟网络的信任问题，对于维护当前社会问题，减少社会的资源损失有重要的作用。

（二）信任研究的范式问题

当前信任研究的范式主要包括问卷测量与实验室启动。在问卷测量上，主要分为问卷法、情景法及实验室实验法。如果把信任看作一种人格特质，则常用信任量表（如一般信任量表、认同信任量表和算计信任量表等）进行测量。实验室实验主要有三种常用的研究范式，即囚徒困境、信任博弈和蜈蚣博弈。事实上，博弈范式真的能测量信任吗？目前研究发现，信任博弈与一般信任量表信任的相关水平较低，这有可能与测量类型的差异及测量范式的不足有关。

针对以上两种研究范式，在信任研究过程中可能还存在以下问题。首先，采用问卷测量方法存在的问题。采用量表测量信任的前提是把信任作为一种特质，不同文化情景下，信任本身其实也是存在差异的。其次，信任测量范式（如囚徒困境）很难分开测量是合作还是信任。虽然很多合作行为是建立在信任的基础之上，然而，有很多的合作也可能是建立在纯粹的利益之上。中国文化背景下认同信任更占先导。但是对于认同信任来说，它不仅仅是个体的理性决策，还有更多的情感因素包含在内。特别需要注意的是，大部分研究通常仅操纵一轮游戏，这样便脱离了真实的文化情景。总之，这些范式测量的结果很难区分是合作还是信任，需要有更加精确的研究范式来对二者进行区分。最后，不同文化下个体对金钱概念的理解存在差异。当前研究中，对信任的测量通常采用的是投资游戏，以金钱数量来衡量建立信任的倾向。从文化的视角来看，这些研究结果的文化普适性还有待于进一步验证。

综上所述，我们急需开发本土文化量表及本土文化下的信任研究范式，采用合适的研究工具，才能得出更精确的结论，从而可以更有针对性地来认识、应对人际信任建立、维持、破坏与修复中的问题。

（三）信任问题的应对

如何应对当前的信任危机？本研究结果可以为应对当前信任问题提供一些新视角。

首先，需要正确区分信任下降和信任类型的改变。尽管现在一些科学研究和社会现象都表现出信任下降的趋势，但我们仍然需要正确认识信任这种变化。随着文化变迁的发生，人们的关系网发生了改变，人们开始对泛泛的人际关系网不敢认同。也即传统文化下人们有更多的认同信任，而现代文化下人们对陌生人则更多是算计信任，即个体在理性计算在某段人际关系中自己的得与失。不能绝对地说是人们的信任水平下降，而是认同信任相对下降，而算计信任相对提升。对两种不同信任类型的区分，可以让我们更好地认识当前信任危机这种表现，并采取有针对性的应对措施。

其次，增加社会制度保障。由于风险在信任这一概念中扮演的重要角色可知，个体之所以不做出信任行为是因为他们担心建立错误的信任关系会给自己带来损失。因此，如果有相关政策可以保障人们受损后的利益，那么则会大大降低人们的风险评估，以增加信任行为。有研究为此提供了间接证据，如仲裁系统的存在可以提高个体的信任水平。当不存在仲裁制度时，人们的合作水平及信任行为都有显著的下降。因此，良好的社会环境是信任产生的重要土壤。同时，人们在利益受损后，有可以申诉的渠道可以为他们提供安全感保障。

最后，提高个体的群体认同感（社区认同、组织认同、社会认同等）。随着人际关系圈发生的变化，个体的自我属性也在发生改变。传统文化下个体更多会关注到他人的利益，并把他人看作自己的一部分，有较高水平的集体自我。然而，随着全球化的影响及现代化的进程，人们的个体自我逐渐凸显。人们在做决策时更多会考虑到自己的利益，他们会为了减少自己的损失而做出不合作的行为。"社区"在中国往往指"地域型社区"，一般指城市里的小区或者村庄社区。社区认同包括两个方面的内容：情感认同和功能认同。情感认同是指居民对自己社区的看法，对于社区是否具有特殊情感，是否能带来家的感觉等，是居民与社区的情感联结以及在情感层面上对社区的接纳和认可。而功能认同则体现为居民对于社区的便利程度，管理水平，环境条件以及社区能否满足家庭需求等方面的认同程度。因此，通过完善社区功能，帮助居民建立充足的情感连接，对于提高人际信任会有积极的推动作用。

五、研究的创新之处与局限性

（一）研究创新之处

1. 研究视角新颖

本研究从多元文化视角出发，结合社会情景理论，在中国文化背景下，探索了信任建立的影响因素及部分内在机制，是一个创新的视角。在以往的研究中，多数采用西方已有的测量工具及实验的范式。由于没有考虑文化的差异，使得部分研究认为中国人的信任水平显著低于西方文化的个体。我们认为，这是因为当前研究所采用的研究工具主要来自西方文化背景，而未考虑其文化普适性。用一般信任感量表进行测量时，没有考虑到一些特殊文化元素，如"关系""人情""面子"等因素对人际信任建立的影响。本研究考虑到中国本土的特殊文化元素，从传统/现代文化的变迁、居住流动性对人际关系网的影响等方面，同时考虑到传统文化、现代文化及文化变迁过程中的居住流动性等问题。从该研究视角出发，不仅可以帮助我们更好地了解已有研究结果中的差异，也有利于加深理解当前变迁过程信任形式的改变，更好地理解当前居民信任水平的现状。

2. 研究方法的创新

本研究采用了多种研究方法相结合，从不同的角度对人际信任的建立进行了探讨。我们把信任看作一种人格，使用了一般信任量表、认同信任量表、算计信任量表作为测量工具；同时也考虑了信任是一种心理状态，使用了实验室启动方法，如子研究三中所使用的购买情景实验；根据以往的文献可知，信任也是一种在风险下的决策行为，因此本研究在实验室使用了囚徒困境、信任投资游戏来测量信任。采用不同的测量方式测量信任保证了研究的信度、效度。另外，我们也将实验室实验的微观层面，与 CGSS 大数据中 1 万多个样本的宏观层面相结合；从个体层面的测量数据，到二层数据的跨层分析相结合；从小样本实验，到 5911 名样本调查相结合的方式，从多层面、多方法、多角度来验证人际信任建立的问题。

3. 实验材料的创新

本研究拟从文化并存及本土文化的角度来探讨人际信任研究。事实上，文化是一个比较抽象的概念，因此没有直观的实验材料可供使用。另外以往在西方文化背景下所使用的实验材料也无法直接应用到东方文化情景中。基于此，本项目中我们采用了首次创新的实验材料。研究通过初测、预实验等最后，我们从金钱的角度探讨了当前信任研究范式中存在的问题和不足，有利于加深和改进未来的信任研究范式。总之，本项目不仅有利于更好地理解我国当前阶段信任发展的情况，而且有利于加深理解国内外研究的差异问题。

二是本研究结果具有较高的实用价值。首先，我们提供了正确看待和应对个体的信任问题的新视角。根据以往研究及我们观察到的社会现象，我们通常会认为个体的信任水平降低了。那么，现代社会中人们在借贷时需要签合同（而非口头）的现象，是信任下降了还是需要一种保障来保护自己的利益？如果是形式发生了改变，那么只需要提供相应的保护机制就可以提高他们的信任水平，也就是说要有针对性地去改善和应对当前的信任危机。另外，由于人们工作频繁跳槽等现象，人际关系也变得淡薄。如何通过提高个体的认同感来促进人们信任建立的意向？针对于此，我们不仅可以从情感上尝试提高人们的情感认同，也可以从改进社会的功能上，提高其功能认同，双管齐下。最后需要思考，从哪些方面提供保障可以使信任建立过程中产生的风险最小化？

（三）本项目研究的局限性

尽管本研究项目取得了一定的研究成果，具有一定的学术价值和实践价值。然而，本研究在研究范式等方面仍然存在一些不足之处，需要未来的研究进一步完善和探索。

一是缺乏动态研究。无论是实验室研究还是问卷调查研究，都属于横断面研究，缺乏动态的、纵向的研究结果。中国的人际关系通常是在长时间建立起来的，在你来我往的过程中，渐渐建立起人际信任。而当前的大部研究都是仅用了一轮测验来对信任进行操纵。在仅有一轮的资源交换过程中，不仅很难区分是资源交换还是信任，是合作行为还是因为个体的冒险倾向。其次，这样的环境下建立的信任能否得到维持？如果有多轮的资源交换，其合作形式是否会有所改变？同样，本研究的侧重点在于考察人际信任的建立，方式编制了带有中国文化元素的文字和图片启动材料,具体包括年画、茶具、品牌、繁体字及亚洲面孔等。这些材料已在相关文章里公开发表,具有良好的信度和效度。本研究中首次编制、使用的实验材料,为社会心理学领域的相关研究提供了丰富的实验素材,对于后续的人际信任研究具有重要的借鉴意义。

(二) 实验结果的创新

本研究部分结果表明,直接说当前中国的信任水平下降也许是不精确的。我们的研究考虑到文化的变迁对信任形式的改变。在传统文化社会中,人们的活动范围比较小,生活在熟人社会,更多的是因认同而建立信任。目前个体的认同信任虽然下降了,但是算计信任增强了这一结果可以帮助我们加深对当前信任的理论和现象的研究。如老人摔倒街头无人敢扶的现象,是因为信任的缺失(如果被讹,帮助人本身会受到比较大的损失)还是因为人们算计信任水平的升高造成的?如果是因为增加了算计信任而导致的这种结果,那么若有一定的保障(如若查出是老人讹诈,有仲裁机制做出正确的判断以维护助人者自身的利益),是不是可以增加人际信任的建立,进而改变这种现象?

另外,本研究具有一定的学术价值和应用价值。

一是本研究具有重要的学术价值。本项目的阶段性研究成果已在权威的国内外期刊上发表。这些研究成果对以往文化社会心理学及人际信任领域的研究具有重要的补充和扩展作用。同时,本研究开发了新的实验材料,可以保证其信度和效度,为后续研究提供参考。本研究也探讨了特殊的中国文化符号,如"人情""面子"等对人际信任的影响,丰富了已有的本土文化研究。其次探讨了文化符号并存及文化变迁过程居住流动性对人际信任建立的影响。这有利于丰富居住流动性的相关研究。我们还关注了刻板印象对人际信任的影响及认知闭合、情绪等在其中的作用。不仅探讨了文化对信任影响的边界调节,也考虑到认同信任在流动性与生活满意度中起到的中介效应等。

而未关注到信任的维持、破坏和修复等阶段特征。因此未来的研究可以尝试从纵向的视角，探讨文化对信任建立及后续过程中的动态变化。尤其是对组织关系中的信任与合作，从长期的视角来看如何修复已被破坏的人际信任关系，对于提升组织氛围，改善群际关系，提升组织绩效有重要的意义。

二是在具体应对策略方面的研究不足。本研究采用不同的实验方法和视角探索信任建立的特点，整体上更注重理论设计，对其建立的影响因素及内部机制进行了探讨，相对缺乏对提升信任水平、加速信任建立的方法、信任的修复等问题的措施，并对相应措施进行有效性检验。以往研究表明，如果信任的破坏发生在信任建立初期，那么它的危害性和影响力是最大的。他会让信任方对未来的信任建立更加敏感。当然也有其他研究得出了相反的结论，如在人际信任建立的末期出现的背叛伤害性更大。针对这种不一致的研究结果，我们认为可能与个体的认知与信任类型有关。对于情感认同的信任在遭到破坏时还有修复的可能，但是如果仅是基于算计的信任，那么修复的可能性会大大降低。因此未来研究可以从助推的视角，通过操纵人们的无意识层面来帮助人们更好地完成信任建立及维持过程。

六、结论

本研究采用个体水平与群体水平相结合、实验研究与问卷调查相结合、微观层面与宏观层面相结合的方法，通过收集数据、分析数据、文章发表等一系列程序，获得了如下研究成果。

（一）中国文化下的特定文化元素对人际信任建立有正向的预测作用

具体来说，对"人情"越看中的个体，越容易与他人建立信任关系。当然，这种信任关系受关系类型的调节，即"人情"与关系类型对人际信任的建立有显著的交互作用。

（二）中国文化变迁过程中，信任类型在发生变化

传统文化下的个体比现代文化下的个体表现出更高的认同信任，而现代文化下的个体比传统文化下的个体表现出更多的算计信任。由于传统文化与现代文化交织并存，因此两种信任类型在个体身上也同时存在。

（三）人际关系网的变化显著负向预测人际信任的建立

随着人们居住地的频繁变动，人际关系网发生了变化，由原来的"熟人"社会向"陌生人"社会转变。人们对泛泛的关系网认同度降低，对人际信任有消极的影响。

（四）认知闭合在居住流动性与人际信任之间起调节作用

对于认知闭合高的个体来说，居住流动性对人际信任建立倾向具有显著的负向预测作用，但是对于认知闭合低的个体来说，二者关系不显著。

（五）认同信任在居住流动性与生活满意度之间起中介作用

认同信任在居住流动性与生活满意度之间起中介作用，但一般信任在其中不起作用。即居住流动性主要是通过对认同信任的影响降低生活满意度。

（六）人际信任建立中存在刻板印象，但是这种刻板印象受个体情绪的调节

具体来说，人们对于长相比较美的个体有较高的信任水平。情绪在刻板印象与人际信任建立中起着调节作用。积极情绪状态下的个体更容易依赖于交往对象的外表做出信任决策，而消极情绪状态下个体的信任行为不受交往对象外表的影响。

(七) 投资游戏范式在测量人际信任上存在误差

金钱是非常重要的资源,存在文化差异。西方文化下对金钱过度渴望的消极影响在中国被试身上不存在。因此,采用金钱投资数量测量个体的信任水平的精确度还需进一步商榷。

参考文献

陈咏媛、康莹仪：《文化变迁与文化混搭的动态：社会生态心理学的视角》，载《中国社会心理学评论》，2015年第1期。

杜维明：《儒家传统与文明对话》，北京：人民出版社2010年版。

段成荣、袁艳、郭静：《我国流动人口的最新状况》，载《西北人口》，2013年第6期。

方杰、张敏强、邱皓政：《基于阶层线性理论的多层级中介效应》，载《心理科学进展》，2010年第8期。

房书君、崔静、王明文：《法律信任及其在当代中国的建构》，载《东北师大学报（哲学社会科学版）》，2016年第1期。

费孝通：《中华民族的多元一体格局》，载《北京大学学报（哲学社会科学版）》，1999年第4期。

高伟、陈俊：《中国人的"人情法则"及其运行模式》，载《社会科学论坛（学术研究卷）》，2008年第7期。

高旭繁、杨国枢：《华人心理传统性与心理现代性研究之回顾与前瞻》，载《彰化师大教育学报》，2011年第19期。

贡喆、唐玉洁、刘昌：《信任博弈真的能测量信任吗》，载《心理科学进展》，2021年第29期。

巩建华、曹树明：《差序格局的文化影响与关系社会的破坏作用——兼论西方公共治理理论在中国实施的困境》，载《江淮论坛》，2007年第4期。

黄光国、胡先缙：《面子：中国人的权力游戏》，北京：中国人民大学出版社2005

多元文化视角下人际信任的建立

年版。

黄梓航、敬一鸣、喻丰：《个人主义上升，集体主义式微？——全球文化变迁与民众心理变化》，载《心理科学进展》，2018 年第 26 期。

贾兆飞、李小平、常真：《中国人为什么重视人际关系——心理学角度探因》，载《社会心理科学》，2012 年第 27 期。

蓝波涛、黎家娴：《现代视角下的社会信任构建》，载《广西社会科学》，2017 年第 5 期。

李小山、赵娜、周明洁：《人情与人际信任：关系类型与主题的调节作用》，载《心理学探新》，2016 年第 36 期。

李妍、贾林祥：《从传统文化视角看中国人的人际信任》，载《温州大学学报（社会科学版）》，2009 年第 22 期。

李颖：《基于传统文化的社会诚信建设思路》，载《绍兴文理学院学报（哲学社会科学）》，2016 年第 36 期。

梁漱溟：《中国文化要义》，上海：上海人民出版社 2005 年版。

鲁芳：《关于潜规则影响国民道德行为选择的实证研究》，载《伦理学研究》，2013 年第 1 期。

罗家德、叶勇助：《中国人的信任游戏》，北京：社会科学文献出版社 2007 年版。

牛江河、辛自强：《不同主题和风险下的人际信任："信任圈"的中、加比较》，载《心理发展与教育》，2009 年第 2 期。

彭璐珞、赵娜：《文化混搭的动理——混搭的反应方式，影响因素，心理后果及动态过程》，载《中国社会心理学评论》，2015 年第 151 期。

施媛媛：《全球化语境下的多元文化能力模型及其在跨文化合作中的应用》，载《心理科学进展》，2020 年第 7 期。

孙向超：《居住流动性对人际信任的影响》，浙江：宁波大学教师教育学院，2018 年。

王泓：《新时代我国社会信任的构建与发展》，载《甘肃社会科学》，2019 年第 1 期。

魏泳安：《风险与信任：现代社会的内在张力——一种基于传统与现代的比较视野》，载《社会》，2018 年第 1 期。

吴莹、杨宜音、赵志裕：《全球化背景下的文化排斥反应》，载《心理科学进展》，2014 年第 5 期。

辛素飞、辛自强：《社会身份复杂性的研究：理论、方法与进展》，载《心理科学进展》，2012年第3期。

辛素飞、辛自强、林崇德：《潜规则认同及其与信任的关系》，见杨宜音主编：《中国社会心理学评论》（第13辑，31—43），北京：社会科学文献出版社2017年版。

辛素飞：《潜规则认同及其对信任的影响》，北京师范大学博士学位论文，2016年。

辛自强：《市场化与人际信任变迁》，载《心理科学进展》，2019年第12期。

辛自强、凌喜欢：《城市居民的社区认同：概念，测量及相关因素》，载《心理研究》，2015年第8期。

辛自强、刘春晖、张莉：《2001—2006年男女大学生应对方式的横断历史研究》，载《中华女子学院学报》，2008年第3期。

[美] 许烺光：《宗族、种姓与社团》，黄光国译，台北：南天书局2002年版。

杨宜音：《试析人际关系及其分类——兼与黄光国先生商榷》，载《社会学研究》，1995年第5期。

杨宜音：《"自己人"：信任建构过程的个案研究》，载《社会学研究》，1999年第2期。

杨中芳、彭泗清：《中国人人际信任的概念化：一个人际关系的观点》，载《社会学研究》，1999年第2期。

翟学伟：《人情、面子与权力的再生产——情理社会中的社会交换方式》，载《社会学研究》，2004年第5期。

翟学伟：《是"关系"，还是社会资本》，载《社会》，2009年第29卷第1期。

翟学伟：《诚信、信任与信用：概念的澄清与历史的演进》，载《江海学刊》，2011年第5期。

翟学伟：《面子，关系，人情网》，郑州：河南人民出版社1996年版。

翟学伟：《中国人的关系原理》，北京：北京大学出版社2011年版。

翟学伟：《社会流动与关系信任：也论关系强度与农民工的求职策略》，载《社会学研究》，2003年第1期。

翟学伟：《信任的本质及其文化》，载《社会》，2014年第34卷第1期。

张建新、Bond M.：《指向具体人物对象的人际信任：跨文化比较及其认知模型》，载《心理学报》，1999年第25卷第2期。

171

张建新、周明洁:《中国人人格结构探索——人格特质六因素假说》,载《心理科学进展》,2006年第14卷第4期。

张雷、雷雳、郭伯良:《多层线性模型应用》,北京:教育科学出版社2001年版。

赵娜、周明洁、陈爽等:《信任的跨文化差异研究》,载《心理科学》,2014年第37卷第4期。

赵娜、周明洁、陈爽等:《信任的跨文化差异研究:视角与方法》,载《心理科学》,2014年第37卷第4期。

赵娜、周明洁、张建新:《人际信任研究视角及其心理机制》,载《心理学进展》,2014年第4卷第1期。

佐斌:《中国人的关系取向:概念及其测量》,载《华中师范大学学报(人文社会科学版)》,2002年第41卷第1期。

Allport, G. W. "The Nature of Prejudice", *Journal of Negro History*, Vol. 52, No. 3, 1954, pp. 232–241.

Arnett, J. J. "The Psychology of Globalization", *American Psychologist*, Vol. 57, No. 10, 2002, pp. 774–783.

Austin, W. G., Worchel, S. *Psychology of intergroup relations*. Chicago: Nelson-Hall Publishers, 1986.

Bechtel, E. E. "Cultural Sensitivity or Cultural Stereotyping? Positive and Negative Effects of a Cultural Psychology Class", *International Journal of Intercultural Relations*, Vol. 39, No. 1, 2014, pp. 40–52.

Berry, J. W. (1990). Psychology of acculturation. In J. J. Berman (Ed.), Cross-Cultural Perspectives: Nebraska Symposium on Motivation, University of Nebraska Press, 1989, pp. 201–234.

Bradach, J. L., and Eccles, R. G. "Price, authority, and trust: From ideal types to plural forms", *Annual Review of Sociology*, Vol. 15, No. 1, 1989, 97–118.

Brewer, M. B., and Pierce, K. P. "Social Identity Complexity and Outgroup Tolerance", *Personality and Social Psychology Bulletin*, Vol. 31, No. 3, 2005, pp. 428–437.

Carp, F. M., and Carp, A. "Person-environment congruence and sociability", *Research on*

Aging, Vol. 2, No. 4, 1980, 395 – 415.

Chen, S. X., Verónica, B. M., and Bond, M. H. "Bicultural Identity, Bilingualism, and Psychological Adjustment in Multicultural Societies: Immigration-Based and Globalization-Based Acculturation", *Journal of Personality*, Vol. 76, No. 4, 2010, pp. 803 – 838.

Cheng, C. Y. "The concept of face and its Confucian roots", *Journal of Chinese Philosophy*, Vol. 13, No. 3, 1986, pp. 329 – 348.

Cheung, F. M., Leung, K., and Fan, R. M., et al. "Development of the Chinese Personality Assessment Inventory", *Journal of Cross-Cultural Psychology*, Vol. 27, No. 2, 1996, pp. 81 – 199.

Chiu, C. Y., and Cheng, S. Y. Y. "Toward a Social Psychology of Culture and Globalization: Some Social Cognitive Consequences of Activating Two Cultures Simultaneously", *Social and Personality Psychology Compass*, Vol. 1, No. 1, 2007, pp. 84 – 100.

Chiu, C. Y., Gries, P., Torelli, C. J., and Cheng, S. Y. Y. "Toward a Social Psychology of Globalization", *Journal of Social Issues*, Vol. 67, No. 4, 2011, pp. 663 – 676.

Chiu, C. Y., Mallorie, L., Keh, H. T., and Law, W. "Perceptions of Culture in Multicultural Space: Joint Presentation of Images from Two Cultures Increases In-Group Attribution of Culture-Typical Characteristics", *Journal of Cross-Cultural Psychology*, Vol. 40, No. 2, 2009, pp. 282 – 300.

Cho, S., Lim, U., and Andersson, M. "Residential Mobility and Social Trust in Urban Neighborhoods in the Seoul Metropolitan Area, Korea", *The Annals of Regional Science*, Vol. 63, No. 1, 2019, pp. 117 – 145.

Choi, S. C. and Han, G. "Trust Working in Interpersonal Relationships: A Comparative Cultural Perspective with a Focus on East Asian Culture", *Comparative Sociology*, Vol. 10, No. 3, 2007, pp. 380 – 412.

Choi, H. and Oishi, S. "The Psychology of Residential Mobility: A Decade of Progress", *Current Opinion in Psychology*, Vol. 32, No. 1, pp. 72 – 75.

Cui, N., Xu, L., and Wang, T. "How Does Framing Strategy Affect Evaluation of Culturally Mixed Products? The Self-Other Asymmetry Effect", *Journal of Cross-Cultural Psychology*, Vol. 47, No. 10, 2016, pp. 1307 – 1320.

Desmet, P. T. M., Cremer, D. D., and Dijk, E. V. "In Money We Trust? The Use of Financial Compensations to Repair Trust in the Aftermath of Distributive Harm", *Organizational Behavior and Human Decision Processes*, Vol. 114, No. 2, pp. 5 – 86.

Deutsch, M. "The Effect of Motivational Orientation upon Trust and Suspicion", *Human Relations*, Vol. 13, No. 2, 1960, pp. 123 – 139.

Dirks, K. T., Lewicki, R. J. and Zaheer, A. "Repairing Relationships within and between Organizations: Building a Conceptual Foundation", *Academy of Management Review*, Vol. 34, No. 1, 2009, pp. 68 – 84.

Easterlin, R. A., Morgan, R., Switek, M. and Wang, F. "China's Life Satisfaction, 1990 – 2010", *Proceedings of the National Academy of Sciences*, Vol. 109, No. 25, 2012, pp. 9775 – 9780.

Finuras, P. "Culture Differences and Trust", *Journal of Intercultural Management and Ethics*, Vol. 4, 2019, pp. 5 – 13.

Fletcher, G. J. O, Simpson, J. A. and Thomas, G. "Ideals, Perceptions, and Evaluations in Early Relationship Development", *Journal of Personality and Social Psychology*, Vol. 79, No. 6, 2000, pp. 933 – 940.

Fu, J. H. Y. and Chiu, C. Y. "Local Culture's Responses to Globalization: Exemplary Persons and Their Attendant Values", *Journal of Cross-Cultural Psychology*, Vol. 38, No. 5, 2007, pp. 636 – 653.

Gaertner, S. L., Dovidio, J F. and Anastasio P A. "The Common Ingroup Identity Model: Recategorization and the Reduction of Intergroup Bias", *European Review of Social Psychology*, Vol. 4, No. 1, 1993, pp. 1 – 26.

Gelfand, M. J., Nishii, L. H. and Raver, J. L. "On the Nature and Importance of Cultural Tightness-Looseness", *Journal of Applied Psychology*, Vol. 91, No. 6, 2006, pp. 1225 – 1244.

Gunia, B. C., Brett, J. M. and Nandkeolyar, A. K. "Paying a Price: Culture, Trust, and Negotiation Consequences" *Journal of Applied Psychology*, Vol. 96, No. 4, 2011, pp. 774 – 789.

Gurtman, M. B. "Trust, Distrust, and Interpersonal Problems: A Circumplex Analysis", *Journal of Personality and Social Psychology*, Vol. 62, No. 6, 1992, pp. 989 – 1002.

Guthrie, D. "The Declining Significance of Guanxi in China's Economic Transition", *The

China Quarterly, Vol. 154, 1998, pp. 254 – 282.

Hamamura, T. and Xu Y. "Changes in Chinese Culture as Examined Through Changes in Personal Pronoun Usage", *Journal of Cross-Cultural Psychology*, Vol. 46, No. 7, 2015, pp. 930 – 941.

Hewstone, M. "Intergroup Trust in Northern Ireland", *Personality and Social Psychology Bulletin*, Vol. 35, No. 1, 2009, pp. 45 – 59.

Hofstede, G. and Bond, M. H. "The Confucius Connection: From Cultural Roots to Economic Growth", *Organizational Dynamics*, Vol. 16, No. 4, 1988, pp. 5 – 21.

Holmes, J. G., & Rempel, J. K. (1986). The meeting of the American Psychological Association. Trust and conflict in close relationships: The meeting of the American Psychological Association, Washington DC: 1986.

Hong, Y., Morris, M. W. and Chiu, C. "Multicultural minds: A dynamic constructivist approach to culture and cognition", *American Psychologist*, Vol. 55, No. 7, 2000, pp. 709 – 720.

Huang, X. "Guanxi networks and job searches in China's emerging labor market: A qualitative investigation", *Work, Employment and Society*, Vol. 22, No. 3, 2008, pp. 467 – 484.

Iarashi, T., Kashima, Y. and Kashima, E. S. "Culture, trust, and social networks", *Asian Journal of Social Psychology*, Vol. 11, No. 1, 2008, pp. 88 – 101.

Inglehart, R. and Baker, W. E. "Modernization, cultural change, and the persistence of traditional values", *American Sociological Review*, Vol. 65, No. 1, 2000, pp. 19 – 51.

Janus T. "Trust and culture", *International Game Theory Review*, Vol. 11, No. 2, 2019, pp. 199 – 206.

Jelleyman, T. and Spencer, N. "Residential mobility in childhood and health outcomes: a systematic review", *Journal of Epidemiology and Community Health*, Vol. 62, No. 7, 2008, pp. 584 – 592.

Joost, M. and Leunissen "The apology mismatch: Asymmetries between victim's need for apologies and perpetrator's willingness to apologize", *Journal of Experimental Social Psychology*, Vol. 49, No. 3, 2013, pp. 315 – 324.

Jost, J. T., Glaser, J. and Kruglanski, A. W. "Exceptions that prove the rule—Using a theory of motivated social cognition to account for ideological incongruities and political anomalies: Reply to Greenberg and Jonas", *Psychological Bulletin*, Vol. 129, No. 3, 2003, pp. 383 – 393.

Kelley, H. H., Holmes, J. G. and Kerr, N. L. *An atlas of interpersonal situations.* Cambridge University Press, 2003.

Kruglanski, A. W. and Webster, D. M. "Motivated closing of the mind: 'Seizing' and 'freezing'", *Psychological Review*, Vol. 103, No. 2, 1996, pp. 263 – 283.

Kugler, T., Bornstein, G. and Kocher, M. G. "Trust between individuals and groups: Groups are less trusting than individuals but just as trustworthy", *Journal of Economic Psychology*, Vol. 28, No. 6, 2007, pp. 646 – 657.

Kuwabara, K., Willer, R. and Macy, M. W. "Culture, identity, and structure in social exchange: A web-based trust experiment in the United States and Japan", *Social Psychology Quarterly*, Vol. 70, No. 4, 2007, pp. 461 – 479.

Kuwabara, S. "The Forces experienced by Randomly Distributed Parallel Circular Cylinders or Spheres in a Viscous Flow at Small Reynolds Numbers", *Journal of the Physical Society of Japan*, Vol. 14, No. 4, 2007, pp. 527 – 532.

Kwan and Yan, Y. L. "Anger and perception of unfairness and harm: Cultural differences in normative processes that justify sanction assignment", *Asian Journal of Social Psychology*, Vol. 19, No. 1, 2016, pp. 6 – 15.

Larson, A., Bell, M. and Young, A. F. "Clarifying the relationships between health and residential mobility", *Social Science and Medicine*, Vol. 59, No. 10, 2004, pp. 2149 – 2160.

Leung, A. K.-Y., and Chiu, C.-Y. "Multicultural experience, idea receptiveness, and creativity", *Journal of Cross-Cultural Psychology*, Vol. 41, No. 5 – 6, 2010, pp. 723 – 741.

Lewicki, R. J., Wiethoff, C. and Tomlinson, E. C. "What Is the Role of Trust in Organizational Justice?". In J. Greenberg and J. A. Colquitt (Eds.), *Handbook of organizational justice.* Lawrence Erlbaum Associates Publishers, 2005, pp. 247 – 270.

Li, Q., and Hong, Y.-Y. "Intergroup perceptual accuracy predicts real-life intergroup interactions", *Group Process and Intergroup Relation*, Vol. 4, No. 4, 2001, pp. 341 – 354.

Lun, J., Oishi, S., and Tenney, E. R. "Residential mobility moderates preferences for egalitarian versus loyal helpers", *Journal of Experimental Social Psychology*, Vol. 48, No. 1, 2012, pp. 291 – 297.

Lun, J., Oishi, S., and Tenney, E. R. "Residential mobility moderates preferences for egalitarian versus loyal helpers", Journal of Experimental Social Psychology, Vol. 48, No. 1, 2012, pp. 291 – 297.

MacDonald, A. P., Kessel, V. S. and Fuller, J. B. "Self-disclosure and two kinds of trust", Psychological Reports, Vol. 30, No. 1, 1972, pp. 143 – 148.

Markus, H. R. and Kitayama, S. "Culture and the self: Implications for cognition, emotion, and motivation", Psychological Review, Vol. 98, No. 2, 1991, pp. 224 – 253.

McAllister, I. D, J. "Affect and cognition-based trust as foundations for interpersonal cooperation in organization", Academy of Management Journal, Vol. 38, No. 1, 1995, pp. 24 – 59.

Mellinger, G. D. "Interpersonal trust as a factor in communication", The Journal of Abnormal and Social Psychology, Vol. 52, No. 3, 1956, pp. 304 – 309.

Miller, K. P., Brewer, M. B. and Arbuckle, N. L. "Social Identity Complexity: Its Correlates and Antecedent", Group Processes and Intergroup Relations, Vol. 12, No. 1, 2009, pp. 79 – 94.

Morris, M. W., Mok, A. and Mor, S. "Cultural Identity Threat: The Role of Cultural Identifications in Moderating Closure Responses to Foreign Cultural Inflow", Journal of Social Issues, Vol. 67, No. 4, 2011, pp. 760 – 773.

Morris, M. W., Menon, T., and Ames, D. R. "Culturally conferred conceptions of agency: A key to social perception of persons, groups, and other actors", Personality and Social Psychology Review, Vol. 5, No. 2, 2001, pp. 169 – 182.

Mulder, L. B., Van Dijk, E. and De Cremer, D. "Undermining trust and cooperation: The paradox of sanctioning systems in social dilemmas", Journal of Experimental Social Psychology, Vol. 42, No. 2, 2006, pp. 147 – 162.

Oishi, S. "The psychology of residential mobility: Implications for the self, social relationships, and well-being", Perspectives on Psychological Science, Vol. 5, No. 1, 2010, pp. 5 – 21.

Oishi, S., Lun, J, and Sherman, G. D. "Residential mobility, self-concept, and positive affect in social interactions", Journal of Personality and Social Psychology, Vol. 93, No. 1, 2007, pp. 131 – 141.

Oishi, S. and Talhelm, T. "Residential mobility: What psychological research reveals", Current Directions in Psychological Science, Vol. 21, No. 6, 2012, pp. 425 – 430.

Oishi, S. , Kesebir, S, and Miao, F. F. "Residential mobility increases motivation to expand social network: But why?", *Journal of Experimental Social Psychology*, Vol. 49, No. 2, 2013, pp. 424 – 436.

Oishi, S. , Miao, F. F, and Koo, M. "Residential mobility breeds familiarity-seeking", *Journal of Personality and Social Psychology*, Vol. 102, No. 1, 2012, pp. 149 – 162.

Oishi, S. "The socioecological model of pro-community action: The benefits of residential stability", *Journal of Personality and Social Psychology*, Vol. 93, No. 5, 2007, pp. 831 – 844.

Oishi, S. , Talhelm, T. and Lee, M. "Residential mobility and low-commitment groups", *Archives of Scientific Psychology*, Vol. 3, No. 1, 2015, pp. 54 – 61.

Oishi, S. , Krochik, M. and Roth, D. "Residential mobility, personality, and subjective and physical well-being: An analysis of cortisol secretion", *Social Psychological and Personality Science*, Vol. 3, No. 2, 2012, pp. 153 – 161.

Oishi, S. and Schimmack, U. "Residential mobility, well-being, and mortality", *Journal of Personality and Social Psychology*, Vol. 98, No. 6, 2010, pp. 980 – 994.

Oldmeadow, J. , Platow, M. J. and Foddy, M. "Task-groups as self-categories: A social identity perspective on status generalization", *Current Research in Social Psychology*, Vol. 10, No. 18, 2005, pp. 268 – 282.

Pettigrew, T. F. and Tropp, L. R. "A meta-analytic test of intergroup contact theory", *Journal of Personality and Social Psychology*, Vol. 90, No. 5, 2006, pp. 751 – 783.

Podoshen, J. S. , Li, L. and Zhang, J. X. "Materialism and conspicuous consumption in China: a cross-cultural examination", *International Journal of Consumer Studies*, Vol. 35, No. 1, 2011, pp. 17 – 25.

Qiu, W. , Deng, J. and Lin, J. A. "Study on the top management team's information sharing game from the view of the calculus-based trust. ", *Journal of Jinan University (Philosophy & Social Science Edition)*, Vol. 33, No. 4, 2011, pp. 161 – 164.

Rempel, J. K. , Ross, M. and Holmes, J. G. "Trust and communicated attributions in close relationships", *Journal of Personality and Social Psychology*, Vol. 81, No. 1, 2001, pp. 57 – 64.

Ren, H. and Gray, B. "Repairing relationship conflict: how violation types and culture influence the effectiveness of restoration rituals", *Academy of Management Review*.

Roets, A. and Van Hiel, A. "Item selection and validation of a brief, 15-item version of the Need for Closure Scale", *Personality and Individual Differences*, Vol. 50, No. 1, 2011, pp. 90 – 94.

Rotter, J. B. "Generalized expectancies of interpersonal trust", *American Psychologist*, Vol. 26, No. 5, 1971, pp. 443 – 452.

Rotter, J. B. "A new scale for the measurement of interpersonal trust", *Journal of Personality*, Vol. 35, No. 4, 1967, pp. 651 – 665.

Rotter, J. B. "Interpersonal trust, trustworthiness, and gullibility", *American Psychologist*, Vol. 35, No. 1, 1980, pp. 1 – 7.

Sanchez-Burks, J., Lee, F. and Choi, I. "Conversing across cultures: East-West communication styles in work and nonwork contexts", *Journal of Personality and Social Psychology*, Vol. 85, No. 2, 2003, pp. 363 – 372.

Shore, D. M., Rychlowska, M. and van der Schalk, J. "Intergroup emotional exchange: Ingroup guilt and outgroup anger increase resource allocation in trust games", *Emotion*, Vol. 19, No. 4, 2019, pp. 605 – 614.

Simpson, J. A. "Psychological foundations of trust", *Current Directions in Psychological Science*, Vol. 16, No. 5, 2007, pp. 264 – 268.

Stephan, W. G., Boniecki, K. A. and Ybarra, O. "The role of threats in the racial attitudes of blacks and whites", *Personality and Social Psychological Bulletin*, Vol. 28, No. 9, 2002, pp. 1242 – 1254.

Stokols, D., Shumaker, S. A. and Martinez, J. "Residential mobility and personal well-being", *Journal of Environmental Psychology*, Vol. 3, No. 1, 1983, pp. 5 – 19.

Tajfel, H. "Social categorization, social identity and social comparison", *Differentiation Between Social Group*, Vol. 24, No. 1, 1978, pp. 285 – 295.

Tan, B., Lee, C. K. and Chiu, J. Z. "The impact of organizational culture and learning on innovation performance", *International Journal of Innovation and Learning*, Vol. 5, No. 4, 2008, pp. 413 – 428.

Thomas, D. M. and Bostrom, R. P. "Vital signs for virtual teams: an empirically developed trigger model for technology adaptation interventions", *MIS Quarterly*, Vol. 34, No. 1, 2010, pp. 5 – 84.

Tomlinson, E. C., Dineen, B. R. and Lewicki, R. J. "The Road to Reconciliation: Antecedents of Victim Willingness to Reconcile Following a Broken Promise", *Journal of Management*, Vol. 30, No. 2, 2004, pp. 165 – 187.

Tsui, A. S. and Farh, J. L. L. "Where Guanxi Matters", *Work and Occupations*, Vol. 24, No. 1, 1997, pp. 56 – 79.

Turner, R. N. and West K. "Behavioral consequences of imagining intergroup contact with stigmatized outgroups", *Group Processes and Intergroup Relations*, Vol. 15, No. 2, 2012, pp. 193 – 202.

Verma, S. and Saraswathi, T. S. "Adolescence in India: Street urchins or Silicon Valley millionaires?". In B. B. Brown, R. W. Larson (Eds.) and T. S. Saraswathi. *The world's youth: Adolescence in eight regions of the globe*. Cambridge University Press, 2002, pp. 105 – 140.

Verónica, B. M., Leu, J. and Lee, F. "Negotiating Biculturalism Cultural Frame Switching in Bicultural with Oppositional Versus Compatible Cultural Identities", *Journal of Cross-Cultural Psychology*, Vol. 33, No. 5, 2002, pp. 492 – 516.

Verónica, B. M. and Haritatos, J. "Bicultural Identity Integration (BII): Components and Psychosocial Antecedents", *Journal of Personality*, Vol. 73, No. 4, 2005, pp. 1015 – 1049.

Vescio, T. K., Judd, C. M. and Kwan, V. S. Y. "The crossed-categorization hypothesis: Evidence of reductions in the strength of categorization, but not intergroup bias", *Journal of Experimental Social Psychology*, Vol. 40, No. 4, 2004, pp. 478 – 496.

Vezzali, L., Capozza, D. and Stathi, S. "Increasing outgroup trust, reducing infrahumanization, and enhancing future contact intentions via imagined intergroup contact", *Journal of Experimental Social Psychology*, Vol. 48, No. 1, 2012, pp. 437 – 440.

Wan, G. H., Tsai, S. C. and Chiu, T. Y. "Decreased Blood Activity of Glucose-6-Phosphate Dehydrogenase Associates with Increased Risk for Diabetes Mellitus", *Endocrine*, Vol. 19, No. 2, 2002, pp. 191 – 195.

Wang, S. S. and Leung, A. K. "The cultural dynamics of rewarding honesty and punishing deception", *Personality and Social Psychology Bulletin*, Vol. 36, No. 11, pp. 1529 – 1542, 2010.

Wieselquist, J. , Rusbult, C. E. and Foster, C. A. "Commitment, pro-relationship behavior, and trust in close relationships", *Journal of Personality and Social Psychology*, Vol. 77, No. 5, 1999, pp. 942 – 966.

Xin, Z. Q. and Liu, G. F. "Homo economicus belief inhibits trust", *PLOS*, Vol. 8, No. 10, e76671, 2010.

Xin, Z. Q. and Zhou, Z. "A cross-temporal meta-analysis of changes in Chinese college students' interpersonal trust", *Advances in Psychological Science*, Vol. 20, No. 3, 2012, pp. 344 – 353.

Xu, Y. , & Hamamura, T. "Folk beliefs of cultural changes in China", *Frontiers in Psychology*, Vol. 5, No. 1066, 2014, pp. 1 – 6.

Yamagishi, T. "The provision of a sanctioning system in the United States and Japan", *Social Psychology Quarterly*, Vol. 51, No. 3, 1988, pp. 265 – 271.

Yamagishi, T. , Kanazawa, S. and Mashima, R. "Separating trust from cooperation in a dynamic relationship: prisoner's dilemma with variable dependence", *Rationality and Society*, Vol. 17, No. 3, 2005, pp. 275 – 308.

Yamagishi, T. , Kanazawa, S. and Mashima, R. "Separating trust from cooperation in a dynamic relationship: prisoner's dilemma with variable dependence", *Rationality and Society*, Vol. 17, No. 3, 2005, pp. 275 – 308.

Yang K S. "Methodological and theoretical issues on psychological traditionality and modernity research in an Asian society: In response to Kwang-Kuo Hwang and beyond", *Asian Journal of Social Psychology*, Vol. 6, No. 3, 2003, pp. 263 – 285.

Yang, D. Chiu, C. Y. and Chen, X. "Lay Psychology of Globalization and Its Social Impact", *Journal of Social Issues*, Vol. 67, No. 4, 2011, pp. 677 – 695.

Yang K. S. *Chinese social orientation: An integrative analysis in T Y, Tseng W. S. , Yeh E. K. Chinese societies and mental health*. Hong Kong, China: Oxford University Press, 1995, pp. 19 – 39.

Yin, L. C. "Do traditional values still exist in modern Chinese societies?" *Asia Europe Journal*, Vol. 1, No. 1, 2003, pp. 43 – 59.

Zeng, R. and Greenfield, P. M. "Cultural evolution over the last 40 years in China: Using the

Google Ingram Viewer to study implications of social and political change for cultural values", *International Journal of Psychology*, Vol. 50, No. 1, 2015, pp. 47 – 55.

Zhang, J. *Distinction between general trust and specific trust: Their unique patterns with personality trait domains, distinct roles in interpersonal relationships, and different functions in path models of trusting behavior.* Hong Kong: Chinese University of Hong Kong, 1999.

Zhang, J. X. and Bond, M. "Target-based interpersonal trust: Cross-cultural comparison and its cognitive model", *Acta Psychological Sinica*, Vol. 25, No. 2, 1993, pp. 164 – 172.

Zhang, T. H. Q., Hu, J. and Zhang, X. C. "Disparities in subjective wellbeing: political status, urban rural divide and cohort dynamics in China", *Chinese Sociological Review*, Vol. 52, No. 1, 2020, pp. 56 – 83.

Zhang, Y. and Huxham, C. "Identity Construction and Trust Building in Developing International Collaborations", *The Journal of Applied Behavioral Science*, Vol. 45, No. 2, pp. 186 – 211.

Zhao, N., Shi, Y. Y. and Xin, Z. "The impact of traditionality/modernity on identification and calculus-based trust", *International Journal of Psychology*, Vol. 54, No. 2, 2017, pp. 237 – 246.

Zhao, N. and Zhang, J. "Gender differences in trusting strangers: Role of the target's gender", *Psych Journal*, Vol. 5, No. 2, 2016, pp. 83 – 91.

Zhao, Y. X. "Managing Chinese millennial employees and their impact on human resource management transformation: An empirical study", *Asia Pacific Business Review*, Vol. 24, No. 4, 2018, pp. 472 – 489.